Como Alcançar o Sucesso

Paramhansa Yogananda

Como Alcançar o Sucesso

A Sabedoria de Yogananda

Tradução:
GILSON CÉSAR CARDOSO DE SOUSA

Editora Pensamento
SÃO PAULO

Título original: *How to Be a Success.*

1ª edição 2011.

3ª reimpressão 2020.

Publicado originalmente por Crystal Clarity Publishers. 14618 Tyler Foote Road, Nevada City, California 95959; tel.: 530-478-7600; www.crystalclarity.com.

Coordenação editorial: Denise de C. Rocha Delela e Roseli de S. Ferraz

Preparação de originais: Roseli de S. Ferraz

Revisão: Nilza Agua

Dados Internacionais de Catalogação na Publicação (CIP)
(Câmara Brasileira do Livro, SP, Brasil)

Yogananda, Paramhansa
Como alcançar o sucesso : a sabedoria de Yogananda / Paramhansa Yogananda; tradução Gilson César Cardoso de Sousa. — São Paulo : Pensamento, 2011.

Título original: How to be a success.
ISBN 978-85-315-1716-7

1. Espiritualidade 2. Felicidade — Aspectos religiosos 3. Self-Realization Fellowship 4. Sucesso — Aspectos religiosos 5. Vida espiritual — Hinduísmo I. Título.

11-01003 CDD-294.544

Índices para catálogo sistemático:
1. Felicidade : Aspectos religiosos : Hinduísmo 294.544
2. Sucesso : Aspectos religiosos : Hinduísmo 294.544

Direitos de tradução para o Brasil
adquiridos com exclusividade pela
EDITORA PENSAMENTO-CULTRIX LTDA.
Rua Dr. Mário Vicente, 368 — 04270-000 — São Paulo, SP
Fone: (11) 2066-9000
E-mail: atendimento@editorapensamento.com.br
http://www.editorapensamento.com.br
que se reserva a propriedade literária desta tradução.
Foi feito o depósito legal.

Sumário

A Diferença entre Paramhansa e Paramahansa

A palavra *paramhansa, paramahansa*, ou ainda *paramahamsa*, significa "cisne supremo". Trata-se do mais alto título na religião hindu. Suas raízes estão em suas antigas doutrinas e, literalmente, também significa **EU SOU AQUELE**, ou o Espírito. O aspirante que se eleva acima do *hansa* ou acima do "eu", e que chegou na quarta e última etapa do Caminho Espiritual, torna-se uno com o Todo Universal.

De acordo com os eruditos em sânscrito, *paramhansa* é uma palavra escrita com mais propriedade na forma *paramahansa*, com um *a* extra medial. As minúcias dos estudiosos do orientalismo védico, porém, nem sempre coincidem com a compreensão da mente não instruída.

Em português, esse *a* medial torna mais problemática a pronúncia do ponto em que se faz uma pausa, dando, assim, ênfase a uma letra que, na Índia, não é pronunciada. Em outras palavras, as pessoas falantes de língua portuguesa ou, muito provavelmente, qualquer não indiano médio, pronuncia assim esta palavra: *paramahansa*. Entretanto, a pronúncia correta é *paramhansa*.

Para os ocidentais que simplesmente desejam tomar conhecimento, com certo grau de exatidão, de que modo pronunciar essa difícil palavra, convém dizer que os eruditos em sânscrito aceitam a pronúncia *paramhansa*.

Nota do Editor

"O sucesso não depende apenas do talento natural; depende também da vontade de agarrar a oportunidade que se apresenta. As oportunidades, na vida, não surgem por acaso: são criadas."

— Paramhansa Yogananda

Prezado Leitor,

Neste livro, Yogananda mostrará a você como desenvolver os ilimitados poderes que nascem das forças interiores do seu ser.

Paramhansa Yogananda chegou aos Estados Unidos, vindo da Índia, em 1920 e trouxe para o Ocidente as lições e técnicas do yoga, a antiga ciência do despertar da alma. Foi o primeiro mestre de yoga a estabelecer-se no Ocidente e sua *Autobiografia de um Yogue* tornou-se, no gênero biográfico, o maior *best-seller* de todos os tempos, fascinando os ocidentais com a sabedoria espiritual do Oriente.

O yoga é a antiga ciência que redireciona as energias da pessoa para seu mundo interior a fim de produzir o despertar espiritual. Além de transmitir aos americanos as técnicas mais práticas e eficientes de meditação, Yogananda mostrou-lhes como esses princípios podem ser aplicados a todas as esferas da vida.

Os artigos incluídos neste livro provêm de diversas fontes: lições que redigiu nos anos 1920 e 1930; artigos publicados nas revistas *Inner Culture* e *East West* antes de 1943; e o livreto *The Attributes of*

Success, publicado em 1944. Boa parte do que aqui foi incluído não se acha em outras publicações.

Nosso objetivo, aqui, é permitir que o espírito do Mestre se expresse por si mesmo, com um mínimo de interferência editorial. Vez por outra algumas frases, redundantes no presente contexto, foram eliminadas. Em certas passagens, alteramos palavras e sinais de pontuação para deixar mais claro o significado. Tudo fizemos para não modificar em circunstância alguma o intento original.

Esperamos que o leitor utilize as palavras de Yogananda como degraus para obter o sucesso almejado.

Como alcançar o sucesso

Capítulo 1

Os Atributos do Sucesso

Existirá um poder capaz de revelar os veios ocultos de tesouros abundantes, com os quais nunca sequer sonhamos? Existirá uma força que possamos invocar para obter riqueza, felicidade e iluminação espiritual? Os santos e sábios da Índia sempre ensinaram que tal poder existe. Revelaram verdades que ignoramos ou esquecemos — e essas verdades funcionarão para você também, se quiser lhes dar uma chance.

O sucesso na vida não depende apenas da capacidade natural; depende, na mesma medida, do empenho em agarrar a oportunidade que se oferece. As oportunidades, na vida, não surgem por acaso: são criadas. E criadas por *você*, agora ou a certa altura do passado recente ou distante. Já que as mereceu, use-as para sua maior vantagem. Você poderá tornar a vida muito mais proveitosa, no presente e no futuro, se procurar satisfazer às necessidades imediatas concentrando-se nelas e apelando para todas as habilidades e informações disponíveis. Você deverá aprimorar *todos* os poderes que Deus lhe deu, os poderes ilimitados que nascem das forças interiores do seu ser.

Os pensamentos nos conduzem inevitavelmente ao fracasso ou ao sucesso: *tudo depende de qual pensamento é o mais forte.* Você deve, pois, confiar inteiramente em seus planos, usar seus talentos ao pô-los em prática e ser receptivo para que Deus possa trabalhar por seu intermédio. As leis divinas funcionam o tempo todo e nós estamos sempre vivenciando o sucesso ou o fracasso de acordo com o tipo de pensamento que *habitualmente* nos ocorre. Se a tendência de seus pensamentos for o mais das vezes negativa, um pensamento positivo ocasional não bastará para transformá-los em vibrações de sucesso.

Não corra sem parar atrás dos problemas. Deixe-os descansar um pouco, talvez eles se resolvam por si — mas cuide para *você* mesmo não descansar em excesso, a ponto de perdê-los de vista. Ao contrário, use esses períodos, quando seus esforços físicos e mentais estiverem inativos, para mergulhar fundo na região serena em que reina seu Eu interior. Uma vez sintonizado com a própria alma, você pensará com acerto sobre tudo o que fizer; se seus pensamentos e atos se desgarrarem, poderá retomar o controle sobre eles.

O poder dinâmico da vontade

Além do pensamento positivo, você deverá usar a força de vontade e a ação contínua para obter sucesso. Tudo o que vemos é resultado da vontade, mas nem sempre empregamos conscientemente esse poder. Existe uma vontade mecânica e uma vontade consciente. O dínamo de todos os nossos poderes é a volição ou força de vontade. Sem volição, não conseguimos falar, andar, trabalhar, pensar ou sentir. Para *não* usar essa energia, precisaríamos nos deitar e ficar imóveis. Mesmo um aceno de mão exige força de vontade. Não é possível viver sem usar essa força que, no entanto, deve ser sabiamente dirigida para a obtenção do sucesso.

Para criar uma força de vontade dinâmica, tente fazer coisas das quais se julgue incapaz. Primeiro, tarefas simples. Depois, à medida que fortalecer sua confiança e consolidar sua vontade, poderá empreender outras mais difíceis. Certifique-se de ter feito uma boa seleção e recuse-se a aceitar o fracasso. Empregue toda a sua força de vontade para realizar uma coisa de cada vez; não disperse energias nem deixe nada pela metade a fim de iniciar uma nova tarefa.

Recorra à força de vontade para aperfeiçoar-se. Você deverá depender cada vez mais da *mente* porque ela é a criadora do seu corpo e das suas circunstâncias. Alimentar um pensamento com força de vontade dinâmica significa mantê-lo até que ele assuma uma forma exterior. Se sua força de vontade evoluir dessa maneira e se, com ela, você conseguir controlar seu destino, então poderá fazer coisas espetaculares.

Acabo de dar a você três regras importantes para dinamizar sua força de vontade:

1. Escolha uma tarefa ou empreendimento simples que nunca conseguiu realizar e determine-se a realizá-lo agora.
2. Certifique-se de ter escolhido algo construtivo e exequível, e recuse-se a levar em conta o fracasso.
3. Concentre-se num único objetivo, aproveitando todas as habilidades e oportunidades para alcançá-lo.

Procure aprimorar o uso da vontade consciente, não da vontade mecânica, e assegure-se de que ela seja usada de maneira construtiva, nunca para propósitos prejudiciais ou fúteis. Assegure-se também de que seu desejo realmente lhe convenha e aplique todo o poder da vontade na consecução do objetivo, voltando-se sempre para Deus — a Fonte de tudo.

Energia vital e força de vontade

O cérebro humano é o reservatório da energia vital. Essa energia é constantemente usada nos movimentos musculares, no funcionamento do coração, pulmões, diafragma, metabolismo celular e processo químico do sangue, além de transmitir as mensagens nervosas pelo sistema motor sensorial.

A energia vital é usada pela mente, pelas emoções e pelo corpo, pois está envolvida em todos os processos do pensamento, do sentimento e da atividade física. *Quanto maior a vontade, maior a parcela de energia em qualquer parte do corpo.*

Um dos piores inimigos da força de vontade é o medo. Evite-o tanto no pensamento quanto na ação. A força vital que flui regularmente por seus nervos é obstruída quando estes ficam imobilizados pelo medo, fazendo diminuir assim a vitalidade do corpo. O medo entorpece a força de vontade. Quando se manifesta, o cérebro repassa a mensagem para todos os órgãos. O medo paralisa o coração, perturba o processo digestivo e provoca muitos outros problemas físicos. Você deve ser prudente, mas nunca medroso.

O fracasso como estímulo

Até o fracasso deve funcionar como estímulo para sua força de vontade, bem como para seu desenvolvimento material e espiritual. Elimine as causas do fracasso e, com redobrado vigor, inicie a tarefa que deseja realizar. *A estação do fracasso é a melhor época para lançar as sementes do sucesso.*

A pressão das circunstâncias pode machucá-lo, mas sua cabeça permanecerá erguida. Sempre tente *mais uma vez*, não importa quantas vezes já tenha fracassado. Lute quando achar que não poderá lutar mais ou que já fez o melhor, até seus esforços serem coroados de sucesso. Todo esforço após um fracasso deve ser bem-planejado, empreendido com atenção e força de vontade dinâmica crescentes.

A e B estavam lutando. Depois de muito tempo, A pensou: "Já não aguento mais". B disse para si mesmo: "Só mais um golpe!" Desferiu o golpe e derrubou A. Aja assim também. Dê o último soco. Use sua força de vontade.

A pessoa bem-sucedida talvez tenha enfrentado mais dificuldades que as outras, mas nunca fala delas. Rejeita a ideia do fracasso o tempo todo.

A menos que saiba como transferir a atenção do fracasso para o sucesso, da preocupação para a serenidade, da tagarelice mental para a concentração, da impaciência para a paz, da paz para a bem-aventurança consciente interior — todo o seu trabalho será em vão. Mas se conseguir se controlar, alcançará gloriosamente o objetivo da sua vida.

Digamos que até agora você tenha fracassado. Seria insensato renunciar à luta e aceitar a derrota como um decreto do "destino". Antes sucumbir lutando do que ceder enquanto existe a possibilidade de realizar mais alguma coisa, pois depois da morte seus esforços logo serão renovados em outra vida. O êxito ou o fracasso só acontecem por aquisição — só como resultado do que você fez no passado *mais* o que está fazendo agora. Portanto, estimule todos os pensamentos de sucesso que teve em vidas passadas para revitalizá-los e eliminar o peso das tendências ao fracasso ainda predominantes.

Analise-se

A autoanálise é outro segredo do progresso. A introspecção funciona como um espelho onde vemos porções da nossa mente que, de outra maneira, permaneceriam ocultas de nós mesmos. Nunca é tarde para diagnosticar nossas falhas, para descobrir nossas boas e más tendências. Analise quem você é, o que quer se tornar, que propensões ou deficiências o estão prejudicando. Decida qual é sua tarefa profunda e secreta — sua missão na vida — para fazer de você mesmo aquilo que deve e quer ser. Ao trabalhar com esse propósito, apele para a iniciativa e a força de vontade.

O que é iniciativa? A faculdade criadora que existe dentro de você, uma fagulha do Criador Infinito. Ela pode lhe dar o poder de criar algo que ninguém jamais criou. A iniciativa nos estimula a fazer coisas de maneiras novas. As realizações de uma pessoa com iniciativa são tão espetaculares quanto as estrelas cadentes. Essa pessoa torna possível o que parecia impossível, graças ao uso do grande poder inventivo do Espírito.

Só você é responsável por você. Nem os amigos nem o mundo da ação respondem por seus atos em última análise. Ninguém conseguirá afastá-lo da felicidade a menos que você se deixe afetar pelos pensamentos e atos negativos dos outros. Você tem deveres neste mundo, na esfera onde seu karma (ação) o colocou. Promova sua própria salvação ajudando os semelhantes. Como os raios imparciais do sol, você deverá esparzir emanações de esperança na alma dos pobres e desprotegidos, insuflar uma coragem firme no coração dos desesperados e acender a chama de uma nova força na mente daqueles que se consideram vencidos.

Aprenda a ver Deus nas pessoas. Quando começar a sentir-se uno com todos os seres humanos, compreenderá o que é o amor divino. Ao servir, esquecemos nosso pequenino eu e percebemos o Eu imensurável de Deus fluindo através de nós.

Somos, pela maioria, inclinados a nos valorizar e a analisar os outros friamente, guiados por nossos preconceitos. Invertamos isso, valorizando os outros e *analisando-nos* friamente. Ao analisar alguém, o mais importante para nós é manter a mente livre de preconceitos. A mente imparcial deve agir como um espelho límpido e imóvel, que não oscile ao sabor de julgamentos apressados. Desse modo, vemos uma imagem não distorcida da pessoa refletida dentro de nós.

Controle seus hábitos

Você só será uma alma livre quando se dominar, quando resolver fazer o que tem de ser feito mesmo a contragosto. Essa liberdade não é uma aquisição que se deva desprezar: *nela reside o germe da liberdade eterna.*

O que controla sua vida não são os pensamentos passageiros ou as ideias brilhantes mas os hábitos diários. Os hábitos de pensamento são ímãs mentais; atraem objetos específicos de acordo com a qualidade do seu magnetismo. Hábitos materiais atraem coisas materiais.

Os maus hábitos são enxertos passageiros, que trazem sofrimento para a alma. Segundo a lei da natureza, se você for um pouco menos mau que bom, o mal será eliminado pela força superior do bem; e se for um pouco menos bom que mau, o bem será gradualmente absorvido pelo número maior de tendências ruins.

Se um mau hábito o aborrece, enfraqueça-o evitando tudo aquilo que o provoca ou estimula, mas *sem se concentrar nele enquanto procura evitá-lo.* Desvie a mente para um hábito bom e mantenha-a vigorosamente empenhada no cultivo desse hábito até que ele se torne parte de você.

Há sempre duas forças se enfrentando dentro de nós. Uma nos diz para fazer coisas que não devem ser feitas; a outra, para fazer coisas que *devemos* fazer ou que parecem difíceis. Uma é a voz do mal; a outra, a voz de Deus.

Se você conseguir se livrar dos maus hábitos e fazer o bem porque *quer* ser bom e não porque praticar o mal o deixa infeliz, então estará verdadeiramente progredindo. Só quando eliminamos os maus hábitos é que nos tornamos pessoas livres.

Em busca da fonte da vontade

Mencionei alguns atributos que você deve cultivar para obter o sucesso — pensamentos positivos, vontade dinâmica, autoanálise, iniciativa e autocontrole —, mas esses são apenas os primeiros passos. Muitos livros populares enfatizam um ou outro, sem no entanto dar o devido crédito ao Poder que os anima. A autoanálise conduz a uma melhor compreensão do Eu interior. O cultivo da vontade dinâmica deve florescer em sintonia com a vontade divina.

A vontade é a força que move o cosmos e tudo o que nele vive. Foi a vontade de Deus que semeou as estrelas no firmamento. É a vontade de Deus que mantém os planetas em suas órbitas e orienta os ciclos de nascimento, crescimento e decadência.

Quando Jesus disse "Seja feita a Tua vontade", que Ele quis dizer? Ele quis dizer que, quando o homem sintoniza sua vontade com a vontade de Deus, orientada pela sabedoria, então está usando a Vontade Divina. Você não saberá o que é a Vontade Divina até desenvolver sua própria vontade e aprender a pô-la em harmonia com a Vontade Suprema. Esse contato divino se faz por meio da meditação.

A Vontade Divina não tem fronteiras; trabalha em todos os corpos, em todas as coisas. Pode mudar o curso do destino, despertar os mortos e alterar as órbitas dos planetas. Temos de exercitar nossa vontade em todos os empreendimentos até que ela perca a ilusão de ser uma vontade humana e se torne uma só coisa com a Vontade Divina onipotente. Para tanto, basta *sabermos* que já a possuímos e que a imagem de Deus está dentro de nós.

Quando inspirada pelo erro, talvez sua vontade humana o engane; mas, quando conduzida pela sabedoria, está sintonizada com a Vontade Divina. Infelizmente, o plano de Deus para você às vezes fica camuflado pelos conflitos da vida humana e você perde a orientação que poderia salvá-lo do abismo do erro. Somente se usar sua força de vontade da maneira certa é que fará contato com a vontade de Deus.

O oceano de abundância

Assim como todo o poder repousa na vontade de Deus, assim todos os dons espirituais e materiais fluem de Sua abundância sem limites. Para harmonizar-se com ela, você precisa erradicar da mente toda ideia de carência ou pobreza. A Mente Universal é perfeita, sem falhas. Para ter acesso a esse suprimento inesgotável, você deve cultivar a consciência da abundância — ainda que não saiba de onde virá sua próxima moeda. Se você renunciar à inquietude, fizer sua parte e confiar que Deus fará a dele, verá que forças misteriosas acorrerão em seu auxílio para materializar seus desejos construtivos.

Como Deus é a fonte de todo poder mental e de toda riqueza, não queira nem aja antes de contatá-Lo, pois, desse modo, dirigirá sua vontade e atividade para o objetivo certo. Não se pode falar por um microfone quebrado; e não se pode transmitir uma prece por um microfone mental confundido pelas interferências da inquietação. A serenidade profunda conserta nosso microfone mental e amplia a receptividade da nossa intuição, de modo a podermos nos comunicar com Ele e ouvir Suas respostas.

O valor da meditação

Quando você estiver calmo e sintonizado com as vibrações construtivas, de que modo usará seu microfone mental para se comunicar com Ele? O método correto de meditação é a única via satisfatória.

Concentrando-nos e meditando, conseguimos voltar a força desconhecida da mente para a realização dos nossos desejos, ao mesmo tempo que guardamos as portas por onde o fracasso poderia entrar. Todos os homens e mulheres de sucesso sempre devotaram muito tempo à concentração e à meditação profunda — embora nem todos tenham empregado a palavra "meditação" para descrever seus processos mentais. Eram pessoas que mergulhavam fundo nos problemas e voltavam à tona com as pérolas da solução adequada. Se você evitar as distrações e concentrar-se, aprenderá a atrair quando bem quiser aquilo que deseja.

Uma vez resolvido a criar uma coisa importante, sente-se em silêncio, acalme seus sentidos e pensamentos, e medite profundamente no que pretende fazer ou adquirir. Você será então orientado pelo formidável poder criador do Espírito. Depois disso, conseguirá usar todos os recursos materiais para obter o que deseja.

O que é o sucesso?

Discuti alguns dos atributos do sucesso e ensinei o modo de usá-los. Mas você sabe realmente o que é o *sucesso*? O que essa palavra significa para você? O verdadeiro sucesso acontece quando aumentamos nossa eficiência mental a tal ponto que conseguimos suprir todas as necessidades da vida. Mas lembre-se: há uma grande diferença entre as coisas de que *precisamos* e aquelas que *desejamos.*

Para levar uma vida de sucesso, você deve primeiro ter um objetivo principal. Este tem de ser o objetivo certo para *você*, pois assim todos os poderes de Deus o orientarão em seus planos e atividades. Depois de se decidir em definitivo por um propósito na vida, faça com que tudo sirva a esse propósito. Um talento extraordinário não é tão importante quanto a determinação firme e o esforço incansável.

A realização do objetivo que você escolheu significa sucesso? Afinal, o que *é* o sucesso? Se você tem muita riqueza e muita saúde, mas problemas sem conta com todos, inclusive com você mesmo, então tem muito pouco. O propósito mais importante da vida se torna fútil quando não conseguimos encontrar a felicidade. Portanto, o sucesso deve ser medido pela felicidade — pela capacidade de permanecer em harmonia com as leis cósmicas — e não pela saúde, prestígio ou riqueza.

Decida ser feliz

Deus não pune nem recompensa ninguém. Ele nos deu o poder de punir e recompensar a nós mesmos pelo uso ou abuso de nossa razão e força de vontade. Foi *você* quem transgrediu as leis da saúde, prosperidade e sabedoria; foi você quem se castigou com doença, pobreza e ignorância. Não continue carregando o peso da fraqueza mental e moral adquirido no passado, mas incinere-o nas chamas da resolução e liberte-se.

A felicidade depende, em certa medida, das circunstâncias externas, mas muito mais da condição da mente interior. Para ser felizes precisamos ter saúde boa, capacidade de discernimento, vida próspera, profissão certa, coração generoso e, acima de tudo, uma sabedoria capaz de tudo abarcar e tudo conseguir.

Uma forte determinação a ser feliz ajudará você. Não espere que as circunstâncias mudem, supondo que nelas reside o problema. Não transforme a infelicidade num hábito crônico, pois não há nada de agradável na desgraça, ao passo que ser feliz é uma bênção para você e os outros. Quando você é infeliz, esquece-se dos dias de ventura; mas quando a felicidade vem, os dias de adversidade vão embora para sempre. Dias de sol nunca seriam apreciados caso não houvesse dias de chuva; do mesmo modo a felicidade não pode ser fruída sem a experiência da infelicidade.

Descubra a força interior

Use de maneira construtiva o poder que já possui e terá mais poder. Vá em frente com firme determinação, valendo-se de todos os atributos do sucesso. Sintonize-se com o Poder Cósmico porque assim adquirirá o poder criativo do Espírito. Você ficará em contato com a Inteligência Infinita, capaz de guiá-lo e solucionar todos os problemas. A energia da Fonte dinâmica fluirá através de você e o tornará criativo no mundo dos negócios, no mundo do pensamento ou no mundo da sabedoria.

Se convencer Deus, em definitivo, de que anseia por Ele acima de tudo, entrará em harmonia com Sua vontade. E se continuar ansiando por Ele não importa o que procure desviar você de Seus caminhos, então estará agindo de acordo com a vontade divina.

O poder da verdade lhe pertence. Se fizer um esforço inabalável, não mais percorrerá com medo e incerteza a senda da vida. Um Poder iluminará seus passos trazendo-lhe saúde, felicidade, paz e sucesso — basta que você se volte para essa Luz. Nade no oceano da vastidão, da serenidade e da felicidade sem limites, inimaginável — *que está dentro de você mesmo!*

Meu direito divino de nascença

Primeiro, buscarei Deus e me certificarei de ter feito contato com Ele; depois, se for Sua vontade, todas as coisas — sabedoria, abundância e saúde — me serão dadas como parte do meu direito divino de nascença, pois Ele me fez à Sua imagem. Desejo prosperidade, saúde e sabedoria em abundância, não de fontes terrenas, mas das mãos copiosas de Deus, que tudo têm e tudo podem.

Capítulo 2

Qual é o seu Objetivo na Vida?

A maioria das pessoas vive quase mecanicamente, sem ter noção de um ideal ou projeto de vida. Elas chegam ao mundo, lutam para sobreviver e deixam as margens da mortalidade sem saber por que chegaram aqui e quais eram os seus deveres.

Não importa qual seja o objetivo da vida, é óbvio que o homem é acossado por necessidades que se esforça por satisfazer. Convém nos concentrarmos em nossas verdadeiras necessidades, sem alimentar desejos inúteis. O homem tem de saber a diferença entre necessidades reais e "necessidades" vãs.

A pessoa envolvida por necessidades vãs e confortos materiais não se concentra nas pequenas exigências do corpo nem na obrigação maior de desenvolver a eficiência mental e a satisfação divina.

Compra roupas e automóveis novos a prestação, ficando sempre em débito e obrigado a gastar todo o seu tempo na tentativa inútil de ganhar mais dinheiro. Não lhe sobra tempo para desenvolver a acuidade mental ou para cultivar a paz interior, pois se tornou escrava das exigências dos hábitos tirânicos do conforto físico.

A prosperidade não consiste apenas em ganhar dinheiro; ela exige também o aprimoramento da eficiência mental, pois é graças a essa eficiência que adquire consistentemente a saúde, a riqueza, a sabedoria e a paz.

Na busca do sucesso, temos de nos concentrar nas *necessidades* e não nos *desejos*. É bom que o homem não consiga tudo aquilo que almeja e que a Lei Cósmica não satisfaça desejos que poderiam ser prejudiciais. Uma criança pode pedir ao pai que lhe apanhe uma bonita serpente venenosa, mas o pai não atenderá a um desejo tão arriscado. A Lei Divina também nega a gratificação de desejos prejudiciais, embora momentaneamente agradáveis. Sem dúvida, como filho de Deus, o homem pode, graças ao dom do livre-arbítrio, persistir (e o faz frequentemente) no anseio por coisas que parecem deleitosas no começo, mas só o prejudicam no fim.

Quanto maior a necessidade, maior a chance de satisfação. Antes de conseguir o que *quer*, você deve desenvolver o poder de alcançar, à vontade, aquilo de que precisa.

Quais são as suas verdadeiras necessidades? Alimento para o corpo, para a mente e para a alma; abrigo, prosperidade, saúde, poder de concentração, boa memória, coração compreensivo, amigos, sabedoria e felicidade são algumas das necessidades humanas. Vida simples, pensamento elevado e cultivo da alegria interior autêntica com o objetivo de tornar os outros espiritualmente felizes também são necessidades reais.

A verdadeira felicidade é duradoura porque tem natureza espiritual, ao passo que o gozo baseado nos prazeres dos sentidos logo se transforma em sofrimento. Fazer com que os sentidos sirvam às necessidades do corpo e da mente leva à felicidade verdadeira; ceder aos sentidos só traz desgraças. A ânsia por um objeto sensual agradável é muitas vezes confundida com um apelo da natureza, quando de fato não passa de um *desejo* artificialmente criado. Não devemos multiplicar os *desejos* e sim direcionar a concentração para satisfazer a *necessidades* reais ou atender a exigências concretas.

Em regra, a atenção é absorvida por *desejos* supérfluos e cada vez mais numerosos. Qualquer vontade de gratificar um *desejo* inútil deve ser calada.

Concentrar-se numa *necessidade* de cada vez é o primeiro passo na direção certa. Determine o que lhe é mais *necessário*, ponderando todos os fatores da vida e da verdadeira felicidade; em seguida, ponha toda a sua atenção e energia na busca do objetivo pelo método mais rápido possível.

Não vagueie sem rumo, perdido na selva da vida, com a felicidade se esvaindo constantemente pelas picadas dos espinhos dos desejos sempre renovados. Você tem de descobrir a meta de sua existência e o caminho mais curto para chegar até lá. Não se aventure por estradas desconhecidas, onde o aguardam novas tribulações. O excesso de cobiça é tão ruim quanto o excesso de resignação.

Como criaturas humanas, fomos dotados de necessidades e precisamos atender às suas exigências. O homem é um ser físico, mental e espiritual; precisa zelar por seu bem-estar completo, evitando desenvolver-se exageradamente em uma ou outra área. Ter ótima saúde e bom apetite, mas não dinheiro para preservar o vigor e matar a fome, é torturante. Ter muita energia, muita riqueza e muitos problemas consigo mesmo e os outros é lamentável. Ter um corpo saudável, dinheiro em abundância e eficiência mental, mas sem paz nem conhecimento da verdade última, é inútil e decepcionante.

Muitas pessoas julgam-se prósperas apenas quando possuem grande quantidade de dinheiro. Entretanto, o sucesso real consiste em manter todas as coisas sob controle — as coisas necessárias à existência como um todo. Pouca gente conhece o significado real de "necessidade". Se a necessidade puder ser corporificada em algum objeto definido, então será possível supri-la facilmente.

O dinheiro não é uma maldição. O modo como o usamos é que tem importância. Se perguntarmos a uma cédula: "Devo comprar veneno com você?", ela não responderá; mas se fizermos mau uso desse pedaço de papel sem consciência, ele nos punirá. Bem empregado, o dinheiro nos traz felicidade. Nunca houve santo que não usasse dinheiro em seu trabalho. Quem come deve pagar pelo alimento e é melhor comprá-lo que pedi-lo.

Há pessoas que gastam toda a sua energia mental tentando ganhar dinheiro e algumas, bem-sucedidas, morrem de ataque cardíaco antes de alcançar a felicidade. O objetivo da vida, por mais abrangente que seja, se torna fútil quando não nos sentimos verdadeiramente felizes. Perdida a fortuna, perde-se um pouco; perdida a saúde, perde-se muito; mas, perdida a paz, perde-se tudo.

Fortaleça o corpo e depois aprimore a mente. A melhor maneira de aumentar o poder mental é tentar realizar, todos os dias, alguma coisa que valha a pena. Procure fazer algo que lhe disseram ser inexequível. Quanto mais você se aperfeiçoar, mais amigos conquistará.

Quando decidir empreender alguma coisa, não desista ainda que o sol e a terra fujam de você — você é um filho de Deus tão bom quanto o maior homem do mundo. Mantenha sua força de vontade equilibrada para poder se aferrar a um projeto até realizá-lo.

Primeiro, escolha cuidadosamente seu trabalho. Decida com vagar que vocação irá seguir. Você deve gostar da profissão para obter sucesso. Se ainda não encontrou nada de que goste, insista. E, quando encontrar o que estava procurando, apegue-se à resolução tomada.

Se tentarmos fazer muitas coisas ao mesmo tempo, desanimaremos. Assim como o ponteiro do relógio não pode percorrer 24 horas num minuto, assim não nos é possível cumprir em uma hora aquilo que exige 24. Viva plenamente o momento atual e deixe o futuro cuidar de si mesmo. Goze por inteiro a maravilha e a beleza de cada instante. Sinta a presença da paz. Quanto mais o fizer, mais perceberá a contiguidade desse poder em sua vida.

Milhões de crianças encetam o caminho da vida sem um destino certo. São como brinquedos de mola que correm em todas as direções para no fim bater contra um obstáculo qualquer. Essas jornadas sem rumo são a sina de muita gente que, em vida anterior, não se dirigiu para o objetivo correto nem tinha os poderes adequados para se manter na senda definida. Nesta etapa da existência, muitas pessoas agem como bonecos à mercê do ambiente, dos instintos pré-natais e do destino. Cumprem, como sonâmbulos, os deveres que a vida lhes impõe.

Para determinar o caminho a seguir, analisemos as inclinações dos primeiros anos da infância, pois assim descobriremos nossos interesses inatos. Traçado o caminho, procure empregar todos os métodos criativos de enriquecimento que conhece. Esses métodos, porém, devem estar em consonância com seu idealismo, do contrário você ganhará dinheiro, mas não felicidade.

Acorde! Nunca é tarde para analisar o que você é e quais são as suas tarefas secretas, para se tornar aquilo que deve ser. Você tem talentos e habilidades que nunca usou. Tem toda a energia de que precisa. Não há nada maior que o poder da mente. Afaste-a dos hábitos mesquinhos que fazem de você uma criatura mundana. Sorria o sorriso eterno — o Sorriso de Deus. Sorria o sorriso vigoroso do empenho equilibrado, o sorriso milionário que ninguém pode lhe arrebatar.

Capítulo 3

Elimine os Hábitos do Fracasso

Como destruir as sementes malignas do fracasso e da doença

A reação do homem às suas muitas experiências — o modo como enfrenta as provas na escola da vida — é que indica até onde ele chegou no rumo da perfeição. Sua postura frente aos fatos cotidianos não apenas afeta seu progresso no caminho da liberdade final como determina seu êxito ou fracasso, sua saúde ou sua doença em muitas encarnações.

Tal como algumas moléstias físicas que deitam raízes profundas no corpo, os efeitos maléficos das más ações, quando não eliminados, tornam-se parte da mente consciente, subconsciente e supraconsciente, sendo sentidos não apenas numa vida, mas em muitas.

Qual é a origem da boa ou má sorte?

Os fracassos e sucessos da vida cotidiana enraízam-se na mente. Não sendo fruídos nem trabalhados pela sabedoria, dão sementes que a alma leva para outra encarnação sob a forma de tendências e características. Esses fantasmas assustadores do passado ocultam-se nos recessos da esfera mental e irrompem de súbito para ajudar ou prejudicar, de acordo com as circunstâncias que envolvam a pessoa. As tendências seminais ocultas podem nos fazer fracassar em nossos empreendimentos, pouco importa o quanto nos esforcemos.

Durante a guerra, Henry Ford quase perdeu toda a sua fortuna. Ele adquirira imensa riqueza porque fora próspero em vidas anteriores, mas sua mente abrigava pensamentos seminais de medo e fracasso por causa dos malogros de outras encarnações. Quando as condições do tempo de guerra se mostraram desfavoráveis ao seu tipo de negócio, as sementes do fracasso brotaram e quase provocaram sua ruína financeira. Caso cedesse ao desalento, teria perdido tudo. Mas, graças a um esforço sobre-humano de vontade, desvencilhou-se dos concorrentes brutais que queriam por força destruir sua empresa. A consciência do êxito em vidas passadas foi reforçada por sua iniciativa na existência atual, sua perspicácia como homem de negócios, sua capacidade de escolher bem os colaboradores, sua perseverança e seu arrojo.

Resumindo: o sucesso financeiro de uma pessoa depende da capacidade de fazer fortuna que mostrou em vidas anteriores, bem como da iniciativa e força de vontade inabalável que, porventura, exiba nesta vida.

Ações passadas e presentes afetam nossas vidas

Se a tendência ao sucesso em encarnações anteriores e os esforços para vencer na existência atual forem fracos, então as chances de obter êxito financeiro são praticamente nulas. Quando a tendência ao sucesso vinda do passado for forte, mas com uma vida atual marcada pela inatividade e a inércia, a pessoa nascerá numa família rica ou herdará inesperadamente uma fortuna.

O indivíduo que possui uma forte consciência de prosperidade haurida de uma existência anterior, e agora faz grandes esforços para ganhar dinheiro, vence em todos os seus empreendimentos. Raramente perde aquilo que investe e seu tino comercial é infalível. Caso comece com a tendência à pobreza, que trouxe de outras encarnações, mas deseje superá-la nesta vida, terá de lutar muito para vencer. Ficará rico tardiamente ou morrerá lutando. Não podemos, contudo, considerar inúteis esses esforços, pois sua próxima encarnação será dominada pelo karma do sucesso resultante de tamanho empenho.

Aqueles que aceitam o fracasso como um decreto do destino são insensatos, pois tanto o sucesso quanto o fracasso resultam de aquisições no presente ou no passado. Se, no passado, você não adquiriu riqueza ou a adquiriu e perdeu, tendo morrido com a consciência da perda, renascerá na pobreza. Esforçando-se para superar suas falhas, você estimula a consciência do sucesso adormecida, que teve em vidas passadas, até ela superar a pressão das tendências ao fracasso.

A vontade é a arma mais eficiente do homem

O homem não pode ser um fracasso absoluto a menos que se deixe afetar pela influência paralisante do medo de não vencer.

Tendências amigáveis ao sucesso aí estão para ajudar a pessoa que se esforça incansavelmente; tendências adversas ao fracasso podem acabar com quem se resigna a "seu destino". Esses são seus amigos invisíveis e seus inimigos ocultos. Se a pessoa robustecer sua vontade mediante esforços judiciosos e repetidos, despertará suas tendências ao sucesso que dormem no quarto do subconsciente. A vontade é a arma para vencer o fracasso. O uso constante da vontade a mantém afiada e pronta a servir fielmente o dono. A força de uma vontade indomável, orientada pela sabedoria divina, não tem limites. Para quem a possui, nada é impossível.

O homem carrega dentro de si as sementes dos erros passados, mas também as da realização plena. Em condições favoráveis estas germinam e seu crescimento sufoca a erva daninha do fracasso. O êxito financeiro em todas as vidas não é inviável para quem sabe eliminar as tendências ao fracasso recorrendo ao poder da superconcentração.

Como abolir o desejo

A única maneira de abolir o desejo no mundo é a disposição, por parte das pessoas bem-sucedidas, de ajudar as que fracassaram a superar seu karma e estimular sua iniciativa. Há quem satisfaça sua fome de riqueza empobrecendo os outros; e há quem não consiga partilhar sua prosperidade. Esse egoísmo é responsável por muito sofrimento no mundo. É lamentável que donos de Rolls Royces tantas vezes ignorem as necessidades de deficientes físicos e mentais que nunca receberam ajuda para ajudarem-se a si mesmos.

Se um homem rico, que obteve sucesso superando suas tendências ao fracasso, se torna indiferente e alheio às necessidades dos outros, poderá perder sua fortuna em maus investimentos ou atrair a pobreza na próxima encarnação. Ricaços que desdenham os sofrimentos de seus semelhantes renascem com fome de luxo, mas sem os meios de saciá-la.

A importância da meditação

Quem luta pelo sucesso permanente deve meditar todos os dias de manhã e à noite. Quando os raios da paz emanados da supraconsciência penetrarem sua inquietude, a pessoa os concentrará no cérebro e na mente para secar as sementes dos antigos fracassos, que estão à espreita, e estimular as do sucesso.

Em suma, ao meditar o yogue sente o poder da concentração no centro da vontade, localizado entre as sobrancelhas, e experimenta também uma sensação de paz completa por todo o corpo. Quando deseja extirpar das células cerebrais as sementes do fracasso ou da doença, remanescentes de encarnação anterior, procura direcionar esse poder de paz e concentração para o cérebro todo. Desse modo, as células cerebrais se impregnam de paz e poder, ficando alterada sua composição química e psicológica hereditária.

Se o fracasso está sempre rondando você, não desanime. Faça com que ele atue como estimulante do seu crescimento material ou espiritual. O período do fracasso é a melhor estação para lançar as sementes do sucesso. Elimine as causas do fracasso e, com redobrado vigor, empenhe-se naquilo que pretende realizar. A clava das circunstâncias pode golpeá-lo, mas mantenha a cabeça erguida. Sucumbir na tentativa de vencer *é* sucesso; recuse-se a alimentar a consciência da derrota. Sempre tente mais uma vez, não importa em quantas ocasiões haja malogrado. Quando já tiver feito o melhor e julgar não poder ir além, persevere mais um minuto na corrida para o sucesso.

Todo esforço depois de uma derrota deve ser bem planejado e conduzido com atenção cada vez mais intensa.

As sementes malignas do karma (ação) anterior precisam ser incineradas e destruídas pela chama do esforço constante. Muitas pessoas desistem justamente quando a balança do bom karma começa a pender para o seu lado e a dar frutos; assim, elas renunciam à sua recompensa.

A fim de incinerar as sementes das doenças crônicas e pertinazes, os Exercícios de Energização que recarregam as baterias do corpo devem ser praticados com a máxima concentração e seguidos das técnicas Hong So (concentração) e OM (meditação)*. Ao praticar essas técnicas, a consciência da saúde, energia e poder deve se impor. Quando você começar a sentir esse poder no corpo como um fluxo inestancável de vitalidade, concentre-o no cérebro e na mente por longo tempo. Assim, a energia vital destruirá toda tendência persistente à doença, herdada do passado.

Se você tem algum complexo de inferioridade, lembre-se de que o sucesso, a saúde e a sabedoria são sua herança de direito. O senso de fraqueza nasce de um ou mais fatores. Ele pode ser superado pela determinação, coragem, bom-senso, fé em Deus e autoconfiança.

Se você estiver firmemente convencido de que é mesmo um fracassado, mude logo de atitude mental! Seja inabalável na certeza de que tem tudo para se tornar um sucesso. Às vezes poderá achar útil evocar suas reações mentais numa ocasião em que foi malsucedido em algum empreendimento.

Pratique, com confiança e regularidade, a técnica Hong Sau de concentração e consulte seu mentor espiritual.

Pode ser também que ache necessário mudar seu ambiente físico e mental a fim de adquirir bons hábitos de pensamento.

Quando começar a ter sucesso, aja com sabedoria e perseverança não importa o que aconteça, até adquirir a certeza de que venceu tal como esperava.

---

* Yogananda elaborou uma série de exercícios chamados Exercícios de Energização para carregar conscientemente de energia o corpo. Para mais informações sobre esses exercícios e técnicas, entre em contato com a Self-Realization Fellowship – Centro de São Paulo – www.srfsaopaulo.com.br.

Como superar o medo e o fracasso

O fenômeno do medo é um veneno mental, a menos que seja usado como um antídoto, um estímulo para o indivíduo ser calmo e cauteloso. O medo gera um magnetismo perverso que atrai objetos assustadores assim como o ímã atrai pedaços de ferro. O medo multiplica nossos sofrimentos. Intensifica e aumenta tanto a dor física quanto a agonia mental uma centena de vezes. O medo prejudica o coração, o sistema nervoso e o cérebro. Anula a iniciativa, a coragem, o discernimento, o bom-senso e a força de vontade.

O medo contamina a mente subconsciente que, por sua vez, pode destruir por completo os esforços voluntários da mente consciente. Ele lança um véu sobre a intuição, encobrindo o poder superior da confiança e a força dominadora da alma.

Elimine o medo e os pensamentos de fracasso

Fracassos e sucessos permanecem enraizados nas profundezas das mentes consciente, subconsciente e supraconsciente durante a vida inteira. A menos que sejam extirpados pela fruição ou sabedoria, vão se acumulando e sobrevivem à morte. Sucessos e fracassos são transferidos para outra vida, como tendências seminais. Essas tendências que vêm do passado, embora quase sempre ocultas na vida presente, começam a se manifestar quando surgem elementos favoráveis à germinação.

Diante de uma ameaça, não se deixe cair numa cadeira, indefeso. Faça alguma coisa calmamente, rapidamente — mas *faça*, convocando todas as forças de sua vontade e julgamento. A vontade é a fagulha que aciona a máquina da ação.

O medo do fracasso ou da doença se avoluma quando o revolvemos sem parar na mente, até que ele se enraíze no subconsciente e depois no supraconsciente. Ali ele começa a germinar e enche a mente consciente com as plantas do temor, que dão frutos repletos de consequências venenosas.

Se você não conseguir erradicar o pavor da doença ou do fracasso, desvie a atenção lendo livros interessantes ou mesmo procurando algum divertimento inócuo. A mente se esquecerá do medo que a assustava; e então, com as energias renovadas, você empunhará as pás das diversas estratégias mentais para arrancar as raízes do fracasso e da má saúde do solo de sua vida.

Extirpe o medo concentrando-se firmemente na coragem e voltando a consciência para a paz absoluta que existe dentro de você. Depois de eliminar o medo, adote os métodos necessários para adquirir prosperidade e saúde.

A coragem é uma virtude primordial

Conviva com pessoas saudáveis e prósperas que não temem a doença ou o fracasso. Há uma razão sólida para a má saúde crônica e os fracassos repetidos. Os indolentes não vencem nunca. Os comodistas sofrem ou vão aos poucos transformando seus corpos em lâminas de cultura para germes mórbidos.

Aos olhos do materialista empedernido, a doença talvez pareça genética ou resultante de uma lei física qualquer. O médico declara que o pai ou o avô tinha tuberculose e esse é o motivo de o filho ou o neto tê-la também. Mas o médico espiritual, que rastreia as causas profundas das moléstias crônicas e do sofrimento inexplicável, descobre que algumas das doenças ditas hereditárias não são transmitidas de uma alma para outra devido a razões físicas. Ele afirma que a alma por nascer, com tendência à tuberculose em vida anterior, é atraída por uma família onde essa doença se manifesta.

Sem dúvida, a tuberculose pode afetar um corpo saudável quando há desrespeito às leis físicas e higiênicas. Pessoa alguma, por mais saudável, virtuosa ou próspera que seja, pode estar tranquila quanto ao futuro, exceto se destruir as sementes das vidas passadas.

Não tema acidentes nem doenças só porque já teve essas experiências antes. Tema, isso sim, o medo, pois ele pode provocá-las de novo e repetidamente. A coragem as evitará com toda a probabilidade ou, no mínimo, neutralizará sua gravidade.

A morte liberta

Não tema a morte. A morte liberta e ninguém morre duas vezes. Quando a morte vem, a causa do medo desaparece. Quando o sofrimento é intenso, a morte nos livra das dores físicas e mentais.

Mate o medo sabendo que está protegido pelas muralhas da Eterna Segurança de Deus, que está a salvo mesmo com a morte batendo à sua porta. Os raios protetores de Deus podem varrer as nuvens ameaçadoras do juízo final, acalmar as ondas do castigo e mantê-lo em segurança ainda que você esteja no campo de batalha da vida à mercê dos projéteis da agressão. Sem Deus, nossa vida, saúde e prosperidade não estão seguras mesmo que nos encerremos numa fortaleza de opulência rodeada de trincheiras inexpugnáveis.

Quando o medo aparecer, contraia-se e relaxe, respirando fundo várias vezes. Acenda a lâmpada da serenidade e da indiferença. Faça com que toda a sua maquinaria mental desperte e acompanhe ativamente a vibração da vontade. Depois, aplique essa vontade às engrenagens da bravura cautelosa e do discernimento contínuo, que devem girar sempre e produzir soluções mentais para afastá-lo da calamidade iminente.

CAPÍTULO 4

ADQUIRA HÁBITOS DE SUCESSO

Pai Divino, esta é a minha prece: pouco me importa o que eu venha a possuir permanentemente, desejo apenas que me dês o poder de adquirir à vontade aquilo de que preciso todos os dias. Pai, Mãe, Amigo, Deus Amado: raciocinarei, quererei, agirei. Mas orienta minha razão, minha vontade e minha atividade para que eu faça o que devo fazer.

Os hábitos são mecanismos mentais que nos permitem agir automaticamente, deixando nossa consciência livre para outras funções. O hábito é formado por várias repetições atentas de uma ação.

Algumas pessoas precisam de muito tempo para formar hábitos mentais de saúde, prosperidade e sabedoria. No entanto, o prazo necessário para essa finalidade pode ser encurtado. A formação lenta ou rápida de um hábito depende do estado geral de saúde, da condição do sistema nervoso (inclusive as células cerebrais) e do tipo de método empregado. Muitas pessoas não se envolvem completamente com seus pensamentos e ações; por isso, fracassam. Um hábito mental, para se materializar, deve ser forte e persistente.

Por exemplo, os hábitos de prosperidade ou saúde devem ser cultivados por pensamentos de prosperidade e saúde até que os resultados apareçam. Uma atitude mental corajosa e imperturbável é absolutamente necessária para satisfazer às necessidades e desejos. A incapacidade de prosperar e ser saudável deve-se inquestionavelmente a hábitos mentais de prosperidade e saúde muito fracos.

Enquanto um tolo desatento e desmiolado leva muito tempo para formar mesmo um hábito dos mais simples, a pessoa inteligente e decidida consegue adquirir bons hábitos num piscar de olhos, bastando-lhe querer. Assim, se você tiver um hábito mental, físico ou espiritual que atrapalha seu progresso, livre-se dele agora — não protele.

Afirme: "Sou saudável" ou "Sou sensato". Faça essa afirmação de maneira tão positiva que elimine os pensamentos adversos, negativos, subconscientes e desanimadores que possam estar sussurrando aos seus ouvidos: "Seu idiota, você nunca será bem-sucedido! Você é um fracassado. A sabedoria não é para você!" *Saiba* de uma coisa: tudo quanto desejar com vigor se materializará em pouco tempo.

Ao praticar afirmações, o aspirante espiritual deve ter muita paciência. Acredite que é inerentemente saudável quando deseja boa saúde; acredite que é inerentemente próspero quando deseja prosperidade; acredite que é inerentemente sábio quando deseja sabedoria — desse modo saúde, prosperidade e sabedoria se manifestarão por si mesmas em você.

Mude o rumo de seus pensamentos e livre-se dos hábitos mentais negativos. Substitua-os por hábitos mentais saudáveis e corajosos, aplicando-os na vida diária com confiança inabalável.

A existência humana é governada, não por resoluções tímidas, mas por hábitos. Quando as pessoas estão afeitas à boa saúde, à prosperidade e ao alto padrão de vida, tudo isso parece vir com facilidade. De igual modo, pobreza e fracasso dominam quem está acostumado ao fracasso e à pobreza.

Bons ou maus hábitos são colocados em prática fácil e naturalmente, trazendo boas ou más consequências. Sucesso e fracasso são hábitos. Portanto, se você está acostumado à pobreza ou à doença, deve aprender a acostumar-se à prosperidade e à saúde. Se o fracasso, a doença e a ignorância são seus companheiros constantes, só a falta de vontade pode impedi-lo de recorrer à ajuda do sucesso, saúde e sabedoria para livrar-se definitiva e permanentemente desses inimigos.

Sucesso, saúde e sabedoria são atributos naturais e hábitos da alma. A identificação com hábitos e pensamentos insignificantes, bem como a falta de concentração, perseverança e coragem, são responsáveis pelo sofrimento das pessoas.

Cumpra bem seus pequenos deveres. Você sabia que usa apenas 5 ou 6% de sua atenção naquilo que faz? Pois que tal, daqui por diante, concentrar-se 100% no trabalho? Todo trabalho bem feito é trabalho de Deus, quando o executamos com a consciência divina. Somente as obras executadas por motivos inteiramente egoístas são materiais. Quando ganhar dinheiro, pense que está fazendo isso em benefício de pessoas queridas, mesmo não tendo família. Cancele a falsa divisão entre trabalho material e trabalho espiritual.

Aprecie o trabalho que está fazendo, mas não se contente com ele para sempre. Você precisa progredir e tentar ser o melhor em sua profissão. Precisa expressar o poder ilimitado da alma em toda responsabilidade que assumir. Cada cargo será para você mais um degrau na escalada do sucesso. Crie e produza sempre novos êxitos para não se tornar um autômato nos negócios.

As etapas do sucesso são as seguintes:

1. A escolha de uma boa vocação material ou espiritual que lhe convenha.
2. A execução desse trabalho com atenção, amor e interesse.
3. A dedicação contínua e a paciência sobre-humana no trabalho.
4. A ideia de progresso constante para neutralizar a tendência aos hábitos mecânicos.
5. A descoberta do Reino do Sucesso.

Toda pessoa malsucedida desconhece essa lei ou viola-a conscientemente.

Lembre-se de que, na vida, as oportunidades surgem pela criação e não pelo acaso. Você as cria agora e já as criou num passado próximo ou remoto. Se hoje lhe faltam oportunidades, crie-as pela força da vontade, que é a vontade divina, e elas virão até você. Nunca se manifestam por si mesmas nem se devem à boa sorte.

O sucesso está reservado para o homem que se esforça, que tem criatividade, que sabe economizar. O sucesso está reservado para o homem que pede a opinião de especialistas financeiros antes de investir seu capital. O sucesso está reservado para o homem que insiste em ganhar dinheiro após cada fracasso. O sucesso está reservado para o homem que tem uma enorme capacidade de trabalho.

O sucesso favorece as pessoas de caráter e constância. As pessoas que não repousam sobre seus louros. As pessoas que executam muito bem as pequenas tarefas. As pessoas que promovem convenientemente seus produtos e vendem os melhores artigos. As pessoas de pensamento lúcido, que se entregam confiantemente ao trabalho e não têm medo do fracasso.

O sucesso brinda aqueles que ganham dinheiro tornando seus semelhantes mais prósperos. Aqueles que financiam a obra de Deus revelando a mesma espontaneidade e prazer com que financiam seus próprios gastos.

Aprenda a espiritualizar suas tarefas e a executar trabalhos que sirvam melhor à humanidade. Faça do serviço, não do dinheiro, seu objetivo — e todo o seu projeto de vida mudará. Nunca será ignorado por ninguém.

A maioria das pessoas não consegue equilibrar a vida material e a vida espiritual. Lembre-se de que o homem espiritual precisa de dinheiro e o homem material não pode ser feliz sem Deus. Trabalhe em sintonia com a consciência divina. O homem material trabalha; mas trabalha e age julgando que o faz sozinho. Por isso, seus gostos e desgostos só o tornam infeliz.

Quando os princípios empresariais não se baseiam na verdade, trazem miséria e sofrimento.

Livre-se da consciência do luxo egoísta. Goze os luxos da alma e enfeite-se com o conhecimento, a sabedoria e o amor de Deus. Aprenda a viver com simplicidade, segundo os princípios gerais, levando em conta o bem dos semelhantes e servindo-os. A unidade não será alcançada enquanto houver egoísmo no coração.

O empresário que é apenas empresário e ignora seus outros deveres na vida não pode ser considerado verdadeiramente um homem bem-sucedido. Muita habilidade se faz necessária para viver bem e com êxito. Aquele que só se ocupa de dinheiro, Deus o deixará para trás.

Elimine a ânsia de luxo. Aprenda a usar coisas menos caras de uma maneira artística, consciente de que é filho de Deus e poderá contar com toda a prosperidade de Deus e do mundo. Como verdadeiro filho de Deus — principalmente quando, pela meditação, deixar de ser um filho pródigo —, você saberá que as posses de Deus são suas também.

1. Reduza o luxo.
2. Pense em si mesmo como um filho de Deus.
3. Considere irmãos os homens de todas as nacionalidades.
4. Busque prosperidade para si mesmo e para os outros.
5. Aprimore o pensamento criativo do sucesso todos os dias, depois da meditação profunda.

Aqueles que buscam a prosperidade para si mesmos tendem a permanecer pobres por algum tempo ou a sofrer de desarmonia mental. Aqueles que veem o mundo como sua casa e trabalham pela prosperidade coletiva acionam as energias sutis que levam à verdadeira riqueza. Essa é, de fato, a lei secreta do sucesso.

A prosperidade não depende apenas do talento criativo, mas também das ações passadas e da lei rigorosa de causa e efeito, que tem o poder de distribuir a riqueza para todos igualmente, sem exceção. As pessoas que conseguem evocar esse poder astral da prosperidade positiva logram êxito em qualquer parte. Assim, busque a riqueza não só para si mesmo, mas também para um grupo maior de amigos, para o seu país e para o mundo inteiro.

Capítulo 5

As Ferramentas do Sucesso

Concentração

Não é preciso muito tempo para contrair bons hábitos mentais. De fato, pelo exercício da força de vontade, podem formar-se prontamente hábitos mentais de saúde, sucesso ou sabedoria. Concentrando-se nas necessidades verdadeiras com firmeza, coragem, fé em Deus e autoconfiança, a pessoa conseguirá atender a elas sempre que quiser.

A eficiência mental depende da arte da concentração. Temos de conhecer o método científico graças ao qual, concentrando-nos, afastamos a atenção de objetos que nos distraem e voltamo-la para uma coisa de cada vez. Praticando a concentração, o homem consegue usar o poder imenso da mente para realizar aquilo que deseja, ao mesmo tempo que vigia todas as portas pelas quais o fracasso possa entrar. Os homens bem-sucedidos de hoje foram homens de grande concentração, que mergulharam fundo em seus problemas e encontraram as pérolas das soluções certas. Mas a maioria das pessoas, embotada pelas distrações, não consegue encontrar as pérolas do sucesso.

Todavia, uma pessoa pode concentrar-se, ser enérgica e mergulhar nas profundezas dos problemas sem com isso descobrir as pérolas do sucesso. Existem muitos homens que, embora tenham um intenso poder de concentração, não sabem onde se localiza o sucesso. E é aqui que se deve levar em consideração outro fator para a aquisição da prosperidade.

Em sua maioria, as pessoas vivem quase mecanicamente, alheias a qualquer ideal ou projeto de vida e sem conhecimento algum da verdade espiritual. Não devemos esquecer nunca que o objetivo da vida é parte importante do nosso equipamento. O mundo inteiro abre caminho para quem sabe aonde está indo e quer chegar lá. Depois que você descobrir qual é, em definitivo, sua meta nesta existência, tudo deverá concorrer para que a alcance.

O objetivo da vida material é a eficiência administrativa máxima, a paz, a saúde e o sucesso em geral. Nesse caso, a prosperidade consiste em educar a mente para obter todas essas coisas sem problemas. Uma grande fortuna não traz necessariamente saúde, paz ou eficiência — mas adquirir eficiência e paz acarreta, sem dúvida, um sucesso material equilibrado.

Não espere se sair bem em todas as tentativas logo da primeira vez. Alguns empreendimentos falham, outros obtêm sucesso. Sucesso e fracasso estão inter-relacionados. Um não existe sem o outro. Com energia concentrada, aborde seu próximo problema ou dever, fazendo o possível para que tudo dê certo. Que seja essa a sua filosofia de vida.

Força de vontade

Uma vontade forte, por sua natureza dinâmica, elabora os meios que levam à sua própria concretização. Valendo-se de sua força intrínseca, a vontade põe em movimento certas vibrações na atmosfera. A natureza, com suas leis da ordem, sistema e eficiência, cria então circunstâncias para a pessoa que tem força de vontade. Esta tira sua eficácia de um propósito honesto, de metas elevadas e da preocupação nobre de fazer o bem para o mundo inteiro. Uma vontade forte nunca se detém: sempre acha seu caminho.

O que os outros podem fazer, você também pode. Certa feita, eu jantava com uns amigos. Tudo foi bem até ser servido o queijo rocquefort. Na Índia, só comemos queijo fresco, de modo que olhei com suspeita as pequenas manchas de mofo que apareciam naquele. Minha alma se rebelou e meu cérebro me advertiu para ficar longe de semelhante petisco. Mas, observando meus amigos americanos comendo o queijo, reuni coragem e coloquei um pedaço na boca.

Imediatamente todas as delicadas iguarias que o haviam precedido se revoltaram. Houve enorme clamor e comoção dentro de mim, e elas me fizeram saber que, se o "Sr. Rocquefort" teimasse em fazer-lhes companhia no estômago, todas abandonariam o corpo. Não abri a boca, apenas acenei quando meu anfitrião perguntou se eu gostara do queijo! Em seguida, observando atentamente as faces satisfeitas dos comensais que degustavam o rocquefort, tomei uma decisão. Concentrando-me o mais que pude, disse às células do meu cérebro: "Sou o seu patrão; vocês trabalham para mim. Devem obedecer-me e parar com essa tolice". No instante seguinte eu já gozava com prazer a companhia do "Sr. Rocquefort", que hoje é muito bem-recebido no meu "saguão digestivo".

Um *anseio* é um desejo que você acha não poder ser realizado. *Vontade* significa desejo mais energia ou "Vou insistir até ter o que quero". Quão poucas pessoas *querem* realmente! Nunca use sua força de vontade de maneira errada; submeta-a à orientação da sabedoria.

Nesta vida, as pessoas tomam caminhos diversos para um objetivo comum. Algumas querem dinheiro; outras, saúde; e outras ainda, fama. Os desejos são muitos, mas pouca gente tem o poder de realizá-los. De que modo os desejos aparecem e desaparecem em nosso cérebro? Você sabe? Quando os desejos corroem nosso coração e pressentimos ser impossível concretizá-los, eles são chamados *anseios*. Às vezes, ouvimos dizer: "Ah, se eu fosse o rei do Egito!" ou algo igualmente inviável. Esses são anseios, que sabemos não poderem ser realizados.

Muitas pessoas acham que não deveriam usar sua própria força de vontade. Mas é impossível deixar de usá-la. Para comer, você usa a força de vontade; para andar, usa a força de vontade. Quando o impulso de querer abandona o corpo, a pessoa morre. Só sob a influência do clorofórmio é que não podemos usar a força de vontade.

Se você for acometido por um caso crônico de indiferença, esforce-se para "cair fora" dessa situação. Seja jovial — pense em algo divertido até começar a sacudir-se de tanto rir. Exercite o autocontrole: aprenda a substituir, quando bem quiser, a tristeza pela alegria, o ódio pelo amor, o medo pela coragem, o preconceito pela liberalidade.

Você sabe por que as pessoas fracassam? Porque desistem. Digo sempre que, se não tivesse emprego, agitaria o mundo inteiro até ele me dar um só para se ver livre de minhas importunações. Você tem de *exercitar* sua força de vontade. Se resolver ser uma chama, queimará tudo em seu caminho. O homem realizado caminha tranquilamente em meio a um tiroteio, protegido pela Vontade Divina.

Extraia a força de vontade do vale da ignorância. Como você poderá desenvolvê-la? Escolha uma tarefa simples, que acha não poder realizar. Em seguida, tente realizá-la com todas as forças. E quando a tiver realizado, passe para outra mais exigente, sempre exercitando a força de vontade. Se o entrave for grande, diga: "Senhor, dai-me forças para que eu supere todos os obstáculos". *Use* a força de vontade, não importa quem você seja ou o que faça. *Ajuste* sua mente. Empregue a força de vontade tanto nos negócios quanto na meditação.

A força de vontade jaz dentro de você e, se usá-la, nada haverá que não possa realizar. A força de vontade criou tudo — inclusive seu corpo. É ela que o arrasta de desejo em desejo enquanto você tenta com todas as suas energias obter sucesso. Mas pouca gente a desenvolve!

Moldar um pensamento com vontade dinâmica significa concentrar-se nele até que brote do cérebro e tome forma. Se sua força de vontade evoluir continuamente dessa maneira, você conseguirá com ela curar os doentes, controlar seu destino e dizer a uma montanha: "Precipita-te no mar!" — e ela se precipitará. Sim, você fará coisas surpreendentes!

A verdadeira prosperidade consiste, não naquilo que temos, mas naquilo que podemos adquirir à vontade. Um yogue pode não possuir quase nada, mas, por sua capacidade de concentrar-se, é capaz de obter quando quiser o sucesso financeiro de que precisar. (O yogue, é claro, não alimenta desejos egoístas; só espera que o amor de Deus reine em sua alma para sempre.)

Quando nossa vontade está sintonizada com a sabedoria, orienta-se pela Vontade Divina. É esse o significado das palavras de Jesus: "Seja feita a Tua vontade".

Pessoas indolentes acreditam que a prece basta para resolver todas as suas dificuldades. Você, porém, deve exercitar sua força de vontade — procurar sintonizá-la com a Vontade Divina. Se ela revolver insistentemente em torno de uma coisa, tornar-se-á uma vontade DINÂMICA. Essa foi a vontade que tiveram Jesus e todos os grandes santos.

Por trás da nossa vontade está a vontade de Deus. Antes de você fazer o que quer que seja, reflita sobre o caso. Certifique-se de estar direcionando sua vontade para a realização de algo bom e que o beneficiará. Nada de indolência. Os indolentes se transformam em pedras. A vontade nos foi dada para que a usemos e nos convertamos em vencedores. Lembre-se sempre: em sua vontade reside a vontade de Deus.

Diga a si mesmo: "Tudo farei por vontade própria, que é um reflexo da vontade divina existente em mim".

Do fundo coração, você deve amar apenas a Deus. Se aspirar a Deus, poderá usar sua vontade para banir do coração tudo, menos Ele. Se aspirar a Deus, nada de errado o afetará. Lembre-se, você só precisa de uma coisa: "Que Teu amor brilhe eternamente no santuário de minha devoção e que eu desperte esse amor em todos os corações". Essa é minha única oração. Não oro sequer por meu corpo. Não quero fruir Deus sozinho e sim firmar a consciência divina no coração dos homens.

Portanto, nunca se esqueça, meu amigo, de que a vontade maior é a vontade por Deus, unicamente. Deus é imperecível e, com Ele, todo o bem se manifesta. Desenvolva sua força de vontade. Afaste-a dos desejos e reconheça que esta vida não passa de um sonho. Ajuste sua mente para querer apenas Deus.

Sem descanso, você deve dirigir os projéteis de sua prece e força de vontade contra as muralhas do silêncio de Deus. Ele está acastelado por trás do silêncio, mas se você intensificar o bombardeio da meditação e da concentração, essa muralha desabará e a glória divina eclodirá.

A vontade do homem atua nos limites reduzidos de seu próprio círculo, que inclui a família, o ambiente, as circunstâncias e o destino, mas a Vontade Divina pode mudar o rumo da vida, despertar os mortos e inverter o curso dos sistemas solar ou estelar. Graças à meditação profunda e à determinação inabalável, corajosa, baseada na sabedoria, quando conseguimos realizar com êxito nossos desejos mais nobres, então nossa vontade se transforma na Vontade Divina.

Assim, para controlar inteiramente sua vida e destruir as raízes do fracasso devido a causas pré-natais e pós-natais, você deve exercitar sua força de vontade em todos os empreendimentos, até ela banir a ilusão mortal de ser humana e tornar-se divina, onipotente. Você não precisa *adquirir* a Vontade Divina: ela já é sua.

Ore assim: "Tu és nosso Pai. Fomos feitos à Tua imagem e semelhança. Somos filhos de Deus. Não rezamos nem pedimos como mendigos mas, sendo Teus filhos, *requisitamos* sabedoria, salvação, saúde, felicidade e alegria eterna. Bons ou maus, viemos de Ti. Ajuda-nos a encontrar Tua vontade em nós. Ensina-nos a usar a vontade humana que nos deste em consonância com a Tua, fundada na sabedoria. Que também a nossa seja sábia".

Magnetismo

Você deve aprender a ser "magnético". Todas as pessoas possuem o poder do magnetismo, pelo qual atraem as coisas — o marido certo, a esposa certa, a profissão certa e assim por diante. Se seu magnetismo não for certo, você atrairá pessoas e coisas erradas. Deve aprender a aperfeiçoar a delicada qualidade do magnetismo, pela qual atrairá aquilo que deseja e é bom para você.

Todo ser humano é um veículo por cujo intermédio flui o magnetismo de Deus; mas o desejo material, a vingança, o ódio e o complexo de inferioridade falseiam o magnetismo divino. Procure não obstruir esse poder.

A meditação é o laboratório no qual Deus e Seu magnetismo ficam juntos de você. Aonde quer que vá, espalhe ternura. Que seu coração esteja repleto de Deus, que seus pés estejam repletos de Deus, que seus olhos estejam repletos de Deus.

Existe dentro de nós uma força com a qual atraímos as pessoas que mantêm um relacionamento estreito com nosso magnetismo. O ser humano não pode atrair uma pedra porque uma pedra não tem nenhuma relação com o ser humano. Sabemos que um ímã comum tem determinada potência e alcance. Ímãs pequenos atraem coisas pequenas. Ímãs grandes atraem coisas grandes. O ímã humano atrai conforme seu poder de atração. Certas pessoas atraem coisas físicas; outras, coisas mentais; e outras ainda, coisas espirituais. Tudo depende do tipo de ímã que se queira ser.

Devemos aperfeiçoar dois tipos de magnetismo: um para atrair Deus, o outro para atrair aquilo que satisfaça às nossas necessidades materiais. Se usarmos nosso magnetismo para obter bens materiais, cedo ou tarde nos decepcionaremos. É verdade que Deus nos deu um corpo e que devemos cuidar dele; mas, se primeiro desenvolvermos o magnetismo espiritual, ele nos orientará da maneira correta para suprir todas as nossas necessidades físicas.

Mantenha o seu corpo livre de venenos a fim de possuir magnetismo. Se seu corpo estiver cheio de venenos, você logo descobrirá que a energia fica mais ou menos bloqueada lá dentro. Tente eliminá-los. Quando estamos limpos interiormente, toda a nossa energia pode fluir pelos olhos, pelo rosto e pelo corpo.

Cuide bem de sua dieta. Alimentos crus geram magnetismo. O coco gera enorme quantidade de magnetismo. A beterraba, o espinafre e a alface são cheios de vitalidade e geram muito magnetismo.

O excesso de carne provoca a perda de magnetismo porque o magnetismo animal anula o espiritual. A carne nos faz concentrar em excesso no plano físico, de modo que passamos a atrair companhia física em vez de companhia espiritual. Ela também altera nossa sexualidade. Um pouco de carne não faz mal, mas o hábito de ingeri-la diariamente destruirá suas qualidades magnéticas. Substitua-a por nozes e castanhas nas combinações certas.

Muita proteína e alimentos à base de amido retêm os venenos no corpo. Ingerir à vontade frutas e legumes ajuda a desenvolver o magnetismo. As frutas são mais magnéticas ainda que os legumes.

Encerram luz solar e energia vital. Comer em excesso é ruim. Jejuar é muito bom, pois permite que o estômago descanse.

Nossos olhos e todo o nosso corpo ficam magnetizados de acordo com o tipo de alimento que consumimos.

Temos de desenvolver o magnetismo físico para ter um corpo forte e obediente às nossas ordens. Recarregar o corpo com energia desenvolve bastante o magnetismo*.

Para adquirir magnetismo mental, é necessário fazer tudo com profunda concentração. As pessoas que chegaram ao topo de qualquer carreira ou negócio possuem muito poder magnético. Quem é escravo de qualquer um dos cinco sentidos perde magnetismo. Se dominá-los a todos, desenvolve magnetismo. Aperfeiçoar e manter uma mente tranquila, sem ceder às emoções, é o caminho para a vivência magnética. A emoção deve transformar-se em poder e ser governada pela sabedoria; então, a pessoa adquire magnetismo.

Sempre que você olha, ouve ou levanta a mão, está emitindo uma corrente magnética. Quando se distrai, perde magnetismo. Quando emite um pensamento, emite com ele energia. Se pensa uma coisa enquanto faz outra, sua energia se divide. Mas gera magnetismo ao prestar atenção naquilo que faz.

---

* Ver nota do capítulo 3.

Firmeza é magnetismo; justiça é magnetismo; bondade é magnetismo.

Devemos saber com quem convivemos porque estamos continuamente trocando magnetismo com outras pessoas por meio dos pensamentos, dos apertos de mão e dos olhares nos olhos. Quando apertamos a mão de alguém, forma-se magnetismo. A pessoa mais forte passa vibração para a mais fraca. Ficamos nos parecendo com as pessoas com as quais temos contato, não por causa de sua conversação, mas da vibração magnética silenciosa que escapa de seus corpos. Quando entramos no raio de alcance de seu magnetismo, tornamo-nos semelhantes a elas.

Se um homem quer ser artista, deve conviver com artistas. Se quer se tornar um bom empresário, deve associar-se a profissionais bem-sucedidos. Se quer transformar-se num gigante espiritual, deve fazer contato com devotos de Deus.

Podemos desenvolver o magnetismo cósmico pensando em Deus e nos santos. Concentrando-nos profundamente numa determinada personalidade, atraímos essa personalidade. Por isso, convém pensar sempre nas grandes figuras. Se dirigirmos nossos pensamentos para criaturas fracas, atrairemos suas qualidades, a menos que sejamos mais fortes que elas. Quando nosso coração está por inteiro com uma pessoa, absorvemos todos os defeitos e todas as virtudes dela.

O ímã tem um polo positivo e um polo negativo, por meio dos quais ele atrai pedaços de ferro ou aço dentro de um determinado raio de ação. Quando esfregamos um ímã num pedaço de ferro ou aço não magnético, também este se magnetiza. As pessoas, igualmente, podem ser magnetizadas graças à estreita associação com personalidades magnéticas a quem tributam sua atenção profunda, amável e respeitosa. Devem primeiro decidir que tipo de magnetismo desejam e depois escolher as pessoas que o possuem.

Por exemplo, se você for um fracassado e ansiar pelo sucesso, procure sempre aqueles que lograram êxito nos negócios, na arte ou na profissão e aperte-lhes as mãos.

Ao apertar as mãos, dois ímãs se formam: o superior ou espiritual, com as duas cabeças; e o inferior ou físico, com os dois pares de pés funcionando como polos. A união das mãos gera o ponto neutro comum, bem como a curva dos ímãs superior e inferior.

O que acontece quando um homem espiritualizado, mas sem sucesso, e um empresário bem-sucedido, mas sem espiritualidade, apertam as mãos? Por intermédio dos dois pares de pés, que formam os dois polos de um ímã, eles trocam qualidades físicas; por intermédio das duas cabeças, que formam os dois polos de outro ímã, eles trocam qualidades mentais. Se esses homens entrarem em estreito contato mental, além de apertar as mãos atenta e frequentemente, o empresário se tornará mais espiritualizado e o homem espiritualizado se tornará mais próspero em virtude do ímã superior. Eles trocam também más qualidades, graças ao poder do ímã inferior, formado pelos pés. Tanto o homem espiritualizado quanto o empresário podem ser afetados no aspecto vocacional.

O magnetismo divino é o poder de todos os poderes. Quando a prece flui do nosso coração e Deus quebra seu voto de silêncio para falar conosco, absorvemos magnetismo divino. Devemos empregar nosso tempo para desenvolver o magnetismo espiritual e atrair o Imperecível. Consolide o poder de atrair as coisas maiores e atrairá com facilidade as coisas menores.

Convém que nos desprendamos da morada física, o corpo. Cada ser humano é uma fagulha do Infinito. Façamos uma distinção entre o perecível e o imperecível. Tudo quanto é do corpo perece; tudo quanto é da mente perece em parte; e tudo quanto é da alma não perece nunca.

Permaneça em harmonia com o Divino Poder Magnético. Pense em Deus com tanta frequência que ele esteja ao seu lado aonde quer que vá. Então, todos os seus desejos bons, mesmo vindos de um passado distante, se materializarão.

Capítulo 6

Sucesso no Emprego

O principal objetivo dos negócios deveria ser a prestação de serviço, não o ganho financeiro. A loja que atende bem e vende os melhores produtos é a preferida das pessoas. Lembre-se de que você deve servir sempre para tornar os outros felizes.

A lei da prosperidade não se submete à lei do egoísmo e sim à do desprendimento. Cada um de nós deve viver para os seus semelhantes. Ajude-se; mas ajude-os também.

Entregue-se de corpo e alma a tudo que fizer e nunca permaneça inativo em seu ambiente. Há dois tipos de ambiente que devemos observar com cuidado: o exterior e o interior. Modificando o exterior, você terá mais êxito em seu trabalho, mas não o faça até saber com certeza que a nova situação lhe será mais propícia que a atual.

Escolha um trabalho de acordo com seus interesses íntimos, sua tendência inata e sua orientação meditativa baseada na intuição. Não tente ser bem-sucedido numa atividade que odeia.

Não há mal nenhum em desempenhar funções modestas temporariamente, mas morrer numa situação dessas é pecar contra sua capacidade de criação. Deixe os empregos modestos para os novatos; você, depois de adquirir experiência nesses "bicos", deve almejar um cargo mais elevado.

Muitas pessoas passam a vida desejando realizar alguma coisa com perfeição, como tocar piano ou pintar, mas são preguiçosas e descuidadas demais para fazer o esforço necessário e alcançar a excelência na atividade escolhida. Desculpam-se dizendo: "Não tenho tempo para estudar e não encontro um bom professor. De qualquer modo, não sou um gênio". Mas um talento extraordinário não vale a firmeza de propósito e a dedicação constante. Muita gente não consegue satisfazer a seus desejos materiais, mentais e espirituais porque seu propósito é vago e sua dedicação é frouxa.

Se você quer ser um artista ou um empresário, procure conviver com os melhores empresários e os melhores artistas que consiga encontrar. Por "convívio", entendo uma atenção inteligente, uma comunhão amável e dedicada. Se estiver interessado em pessoas de destaque para aprender seus métodos, essas pessoas também se interessarão por você. Se não conseguir manter contato com as grandes figuras, procure pelo menos ler seus livros e aprender a partir de suas experiências bem-sucedidas nos negócios.

Para ser um homem espiritualizado, você tem de conviver com gente que alcançou a realização espiritual e aprofundar cada vez mais a meditação.

Lembre-se de que a maior responsabilidade nos negócios cabe a você e à lucidez de sua capacidade criativa. As dificuldades só podem ser superadas pelo planejamento constante e a persistência. Recuse-se a aceitar a derrota e vencerá. Se não lograr êxito na atividade que vem desempenhando há algum tempo, tente outra coisa — e continue tentando até obter sucesso em alguma. Procure se sair bem na área onde tem experiência.

Encontre a sua vocação

Não fique parado — você terá de ir para a frente ou para trás. O melhor caminho, no seu caso, deve combinar idealismo e praticidade.

Suponhamos que você tenha iniciado carreira como caixeiro-viajante. Dá o melhor de si, trabalha duro, pensa e planeja — mas nada! Pois então analise-se: talvez descubra que, desde a infância, o que sempre quis foi um pequeno sítio e uma casinha tranquila onde pudesse refletir, ter sossego e, ocasionalmente, pintar uma paisagem. É possível que esse desejo infantil de ser sitiante e artista venha de uma existência anterior ou tenha sido aventado com insistência por alguém. Seu entusiasmo e ambição foram, pois, contidos pelo impulso de ser um pequeno fazendeiro. Então para que contrariar uma tendência já formada?

A maioria das pessoas forma o desejo supremo de seu coração entre os 3 e os 12 anos de idade, mas sem tomar consciência dele. Observe-se com atenção e descobrirá a corrente subterrânea de um desejo especial sob o fluxo de seus muitos projetos. Esse impulso subjacente esteve sempre ali, tudo fazendo para ser ouvido, e é o verdadeiro arcanjo do sucesso que você deveria ter acompanhado.

Se sua carreira não satisfaz seu coração, não é o caminho certo. Para atingir o ápice da paz e da felicidade duradoura, siga a estrada que o desejo do seu coração lhe apontar. As pessoas nunca são felizes quando viajam pelo caminho errado.

Seja também prático e use seu bom-senso em tudo o que fizer. O homem que envereda pela senda artística, pavimentada de acordo com o desejo do seu coração, pode saciar sua fome estética, mas não ser produtivo o bastante para alimentar a família!

Lembre-se: onde houver uma vontade, haverá um caminho. O caminho mais indicado para sua vida talvez seja um compromisso entre o idealismo e a praticidade. Por exemplo, não deixe de plantar hortaliças só porque seu quintal é pequeno e você precisa ganhar dinheiro na cidade. More no campo, se possível, e passe os fins de semana em paz no seu quintal.

Faça bem a sua parte

Além de descobrir sua ambição inata e criar métodos a fim de ganhar dinheiro com ela, você precisa fazer algo todos os dias para ir de encontro ao Plano Cósmico em virtude do qual foi mandado a este mundo. Muitas pessoas são infelizes porque se esquecem de harmonizar seus desejos terrenos, adquiridos, com os deveres que o Plano Cósmico lhes impõe. O Plano Cósmico exige que você contente sua alma incluindo na própria felicidade a felicidade dos mais necessitados.

Diariamente, procure amparar física, mental ou espiritualmente as pessoas que sofrem, tanto quanto ampara a você mesmo e a seus familiares. Se, em vez de viver de maneira egoísta, semeando pobreza, passar a viver de acordo com as leis de Deus, então, não importa quão pequeno seja o papel que vem desempenhando no palco do mundo, saberá ao menos que desempenhou bem esse papel, de acordo com as instruções do Diretor de Cena dos destinos de toda a humanidade. Seu papel, embora modesto, é tão importante quanto os grandes porque contribui para o sucesso do Drama das Almas no Palco da Vida. Mais vale ganhar um pouco de dinheiro e contentar-se com ele numa existência simples, na qual os ideais possam ser expressos, do que acumular fortunas e ter aborrecimentos sem fim.

Como superar as provações

As provações não vêm até você para destruí-lo, mas para ajudá-lo a apreciar melhor Deus. Não é Deus quem as envia. Você mesmo as fabrica. Tudo o que tem a fazer é resgatar sua consciência do ambiente da ignorância. As tribulações circunstanciais aparecem em consequência de seus atos conscientes ou inconscientes no passado, em algum momento, em algum lugar. Reconheça que eles merecem censura, mas sem desenvolver complexos de inferioridade.

Você deve exclamar: "Sei que Tu estás vindo! Posso ver Teu manto imaculado. Neste mar tumultuoso de sofrimentos, Tu és a Estrela Polar de meus pensamentos naufragados". De que tem medo? Lembre-se, você não é homem nem mulher: é um Ser Imortal.

Tal como Jesus, posto à prova, manifestou seu amor dizendo: "Pai, perdoai-os, pois eles não sabem o que fazem", você também deve esquecer seus transes aflitivos e bradar: "Minha alma ressuscitou. Meu poder é maior que todos os meus males porque sou filho de Deus". Assim, seus poderes mentais se expandirão e sua taça de realizações se encherá até as bordas com o Oceano do Conhecimento. Então, será próspero e feliz.

Minha própria experiência

Gosto de filosofia e religião desde a infância. Cedo decidi montar minhas próprias escolas e instituições a fim de não ser empregado de ninguém. Teria sido tolo de minha parte tornar-me ferroviário, como fora planejado para mim. Iniciei minha caminhada com a confiança inabalável de que venceria — e venci. Meu sucesso se deveu a uma forte determinação e à fé na orientação do Pai Celestial em todos os empreendimentos a que me entreguei. Minha eficiência se deve, principalmente, a Deus e às ideias criativas, mas quase nada ao treinamento humano.

Enquanto avançava para o objetivo principal, tudo fazia para vencer em diferentes áreas de atuação. Constatando que vencera em tudo quanto havia empreendido, atirei-me de corpo e alma à tarefa maior de minha vida: a fundação de organizações espirituais. Iniciei minha primeira obra numa cabana de barro em Calcutá, com mais três ou quatro companheiros e, por fim, instalei uma escola palaciana na Índia e um lar celestial nos Estados Unidos, com milhares de seguidores.

Conto essas coisas não por vaidade, mas para mostrar que as sugestões aqui oferecidas nasceram de minha própria experiência e não de teorias sobre o sucesso. Acredito que, se uma pessoa fraca e humilde como eu pôde fazer algo para beneficiar seus semelhantes você, que é talvez mais forte do que fui no início, conseguirá muito bem trabalhar por seu êxito e incluir nele o êxito dos outros.

Como deixar o patrão satisfeito

Todo patrão procura empregados confiáveis e dedicados, que não apenas trabalhem por salário, mas mostrem um interesse tão inteligente, criativo e diligente tanto pelo progresso da empresa como o dele próprio. Empregador e empregado têm ambos um objetivo comum: o sucesso real do empreendimento que assumiram juntos. Os dois servem a uma mesma causa.

A melhor maneira de agradar ao patrão é ser gentil, obediente e agradável, prestando-lhe um serviço melhor que o de qualquer outro na empresa. Desse modo, você obterá as mais altas posições e continuará desenvolvendo sua criatividade a tal ponto que ele se sentirá perdido sem sua colaboração e talvez resolva até mesmo lhe dar uma sociedade no negócio.

Obedeça às ordens razoáveis do patrão e de seus superiores imediatos. Deixe-os satisfeitos com um trabalho dedicado, inteligente e produtivo, com uma postura agradável e cortês, sem hesitar sequer em fazer parte do trabalho deles. Tolere um chefe irritadiço mostrando-se ainda mais gentil e educado, e ignorando interiormente seu mau comportamento. Ao meditar, concentre-se no ponto entre as sobrancelhas e proclame: "Pai, acalma meu chefe".

Perseverança, criatividade, sintonia com o poder ilimitado de Deus na meditação diária, procedimentos empresariais honestos, lealdade ao empregador, aceitação da empresa como o seu próprio negócio, harmonia com o superior imediato ou o patrão e com seu Chefe Cósmico, Deus — adotando esses métodos você infalivelmente agradará ao empregador terreno e ao Empregador Divino.

Lembre-se: seu verdadeiro patrão é Deus. É Ele quem o empregou sob as ordens de um chefe para levar adiante a obra divina. Assim, não importa quão modesta seja a sua função, desempenhe-a com consciência zelosa e jovial para agradar a Deus. Aquele que trabalha para Deus e respeita seus superiores jamais fracassará, mas vencerá ultrapassando todos os limites.

Ao meditar, peça: "Senhor, abençoa-me para que eu consiga prestar o melhor serviço na empresa onde estou. Pai, abençoa-me para que eu possa agradar a meu empregador e a todos aqueles com quem tenho contato".

O serviço deve ser sua meta

Se você convencer seu patrão de que, em atos e capacidade criativa, poderá aumentar-lhe honestamente os lucros, ele dará a você o melhor posto na empresa, pois desse modo se beneficiará também. Concentre-se na criatividade e não no salário porque assim o dinheiro será seu escravo e não seu dono.

Os funcionários, em sua maioria, sempre ambicionam cargos melhores, mas se esquecem de aprimorar as habilidades necessárias de eficiência, criatividade, lealdade e interesse desprendido. Desejar o próprio progresso conseguindo mais dinheiro para a empresa não é pecado e sim "interesse desprendido". Dirija seu "interesse" para o desejo desprendido de ajudar seu empregador.

Não se esqueça de que ser útil é o meio mais seguro de atrair atenção e sucesso. Nenhum empresário criativo pode fazer seu trabalho sozinho. Grandes e pequenas empresas, no mundo inteiro, procuram funcionários honestos, leais, fidedignos, dinâmicos e criativos.

Aprimore sua capacidade criativa

Você deve pensar criativamente todos os dias para equipar-se com a experiência e o conhecimento que sua empresa requer. O pensamento criativo consiste em penetrar no Silêncio diariamente por pelo menos meia hora e fixar a mente por inteiro na descoberta do modo de melhorar seu trabalho e preparar-se para um posto de maior responsabilidade no emprego atual.

Havendo a oportunidade de promoção, continue usando seu talento criativo para o bem-estar da empresa. Todavia, se seu trabalho for mecânico e sem futuro, aplique a criatividade num negócio que o atraia e garanta ali um emprego. Quando estiver seguro no negócio que aprecia, deixe o emprego atual, provisório.

Se aperfeiçoar sua concentração e talento criativo, aprenderá a gostar de qualquer tipo de trabalho, obtendo eficiência e sucesso naquele que escolher. Entretanto, será melhor usar a criatividade num trabalho que já o atrai instintivamente do que em qualquer outro pelo qual ainda terá de se interessar.

Se não gosta de trabalhar para os outros, aprenda a ser seu próprio patrão e empregado. Aplique sua criatividade para adquirir experiência e conhecimento completos de um negócio útil. Recorra à concentração criativa para juntar o capital necessário, com o fruto do seu trabalho e empréstimos. Economize dinheiro levando uma vida frugal.

Os defeitos congênitos de uma mente improdutiva e pouco inteligente só podem ser removidos pela meditação e o pensamento criativo. O contato com Deus pode eliminar todas as limitações humanas que impedem o sucesso. Aprenda a absorver vibrações de sucesso de Deus durante a meditação, bem como de homens que venceram na vida.

O uso do talento criativo conduzirá você para a esfera do sucesso sem limites. Refletindo diariamente sobre seu desempenho profissional e sua empresa, além de recorrer ao treinamento e à experiência adquiridos na escola ou no trabalho, você verá que seu conhecimento do negócio aumenta a olhos vistos.

A experiência profissional adquirida deve ser ampliada pelo uso constante do bom-senso e do talento criativo. Desça fundo na região do pensamento criativo e aprenderá tudo sobre o negócio, podendo exercer qualquer função da melhor maneira possível. Empregue a inteligência criativa para cortar despesas e descobrir métodos melhores de produção, publicidade e distribuição.

Egoísmo nos negócios

O egoísmo é o erro metafísico que leva empresas interesseiras a passar por períodos de depressão e falsa inflação.

Se todos os empresários do mundo forem egoístas, então cada qual terá milhões de concorrentes agressivos. Mas se quiserem obter sucesso trabalhando para que outros também o obtenham, então cada qual contará com milhões de colegas dispostos a ajudá-lo. “Um por todos e todos por um” deve ser o lema para o sucesso e a felicidade reais nos negócios.

Seus compromissos mais importantes

Sistematize e agende seus compromissos. Os compromissos de trabalho são importantes e por eles você sacrifica as práticas necessárias de exercício físico diário e meditação serena, que acalmam os nervos e a mente. Os compromissos de trabalho sempre vêm antes. E sempre virão até você ser chamado para o Mistério do além. Eu, contudo, defendo o equilíbrio de desenvolvimento e prosperidade. Não me parece certo que a aspiração espiritual seja anestesiada pela insanidade dos negócios.

Muitas pessoas acham que, se não estiverem dia e noite envolvidas com o emprego, ficarão para trás. Não é verdade. O fanático pelo trabalho, esquecido dos outros deveres da vida, não pode ser considerado, no fundo, bem-sucedido. É necessária muita habilidade para viver tranquila, correta e prosperamente. Aquele que só atende aos compromissos com o dinheiro é posto de lado por Deus.

Entretanto, Deus fala veementemente por meio das pontadas da fome que nos deu como estímulo para ganharmos dinheiro a fim de sustentar o corpo.

Mas usar todos os nossos poderes mentais para manter o corpo físico não deve ser o objetivo único da vida. Há pouca diferença entre comer num prato de ouro ou num prato de louça — em ambos os casos, sacia-se a fome. Por que então continuar inventando desejos inúteis e trabalhando noite e dia para conseguir coisas desnecessárias?

A dedicação ao trabalho é importante, mas o dever de servir ao próximo é mais importante ainda, para não falar do compromisso com a meditação, Deus e a Verdade. Não alegue que está ocupado demais matando um leão por dia e, assim, não tem tempo de aprimorar as qualidades celestiais. Não se escuse com o hábito ruim e arraigado de privilegiar as obrigações menos importantes a expensas do dever mais vital para com a sabedoria. Ninguém pagará por seus atos, embora muita gente o induza a frivolidades e a falsos compromissos.

A insistência tanto no excesso de trabalho quanto na preguiça leva ao sofrimento. Já é tempo, para o homem moderno, de sacudir a inércia de séculos e sistematizar a vida. Ele aprendeu a aplicar a ciência, a psicologia e a metodologia aos negócios, para obter mais conforto material. Deve também aplicar tudo isso para melhorar sua saúde, prosperidade, sabedoria e vida social — não podendo, portanto, dedicar todo o seu tempo aos negócios, que apenas alimentam a esperança de conforto físico.

As pessoas se esquecem de que viver no luxo excessivo requer um aumento correspondente no gasto de energia nervosa e cerebral, o que diminui a longevidade! Muitas se ocupam a tal ponto de ganhar dinheiro que não conseguem gozar o conforto já adquirido.

Como selecionar os colaboradores

O verdadeiro sucesso, em qualquer negócio, depende dos líderes certos e dos colaboradores adequados, além de uma administração dinâmica e de um bom ambiente de trabalho. Algumas empresas são dirigidas por uma pessoa só, mas a maioria exige um grupo de colaboradores inteligentes. Quando as primeiras começam a se expandir, o dono precisa contratar empregados mas, não importa a quem empregue, deve sempre manter nas mãos o controle dos negócios.

Muitas empresas vão à falência devido à falta de bons colaboradores. Estes devem ser avaliados por seu currículo de sucessos e por sua inteligência criativa. Evite os bem-falantes, mas falsos ou impulsivos. Gente assim retarda o progresso da empresa, quando não a arruína de todo.

Não confie apenas em referências, recorra também à observação cuidadosa, inteligência, acuidade mental e intuição para selecionar colaboradores com qualidades superiores. É também uma boa ideia estudar o horóscopo do candidato. Quando corretamente interpretadas, as estrelas apontam os bons ou maus hábitos da pessoa numa encarnação anterior, que agora se manifestam como instintos ou tendências hereditárias.

Testes de caráter e capacidade

A melhor maneira de administrar um negócio é atrair colaboradores honestos, leais, amigáveis e inteligentes que estejam dispostos a partilhar o destino e as ambições da empresa. Procure neles talento criativo, inteligência e, acima de tudo, confiabilidade.

Nunca confie de antemão na integridade de um candidato. Teste-o direta ou indiretamente, consultando amigos ou detetives. Apresente-lhe uma tentação e veja como reage. Por intermédio de amigos, procure fazer com que os empregados falem mal de você para descobrir quais são suas intenções. Releve pequenas faltas duas ou três vezes, mas não perdoe nunca a traição. Um funcionário que já o traiu voltará a traí-lo quando você menos esperar, podendo mesmo causar-lhe um dano irreparável.

Quando um empregado é esbanjador, beberrão e indiferente às críticas por sua conduta moral, desculpe-o algumas vezes, dando-lhe uma oportunidade de emendar-se. Se ele não der mostras de arrependimento e recuperação, despeça-o.

Não empregue pessoas de raciocínio lento, preguiçosas física ou mentalmente. O funcionário mentalmente preguiçoso vive resmungando e se queixando; acha que criar, planejar ou refletir sobre o sucesso da empresa é um tremendo desperdício de energia.

Honestidade e lealdade nas relações de trabalho

Não mantenha um indivíduo desonesto em sua empresa. Nunca se sabe o mal que uma pessoa dessas pode fazer aos negócios. Informe-se junto ao antigo empregador sobre o caráter, talento e honestidade do candidato. Por outro lado, se o candidato for você e ouvir muita coisa negativa a respeito do patrão em perspectiva, afaste-se dele.

Nunca permita que um amigo tire vantagem de você em nome da amizade. Os negócios devem ser conduzidos estritamente dentro dos princípios empresariais. Os colegas que permanecem ao seu lado nas horas difíceis é que são seus verdadeiros amigos. Jamais contrate alguém que, interpretando mal a familiaridade, não irá obedecer às suas ordens nem seguir suas recomendações.

Descubra o caráter nos olhos

O MÉTODO INTUITIVO

A história da pessoa está arquivada em seu cérebro e se reflete em seus olhos, que revelam o caráter, os hábitos e a alma do indivíduo. Cuidado com os olhos insolentes, falsos, cruéis, astuciosos, sarcásticos e vingativos! Não confie nos que projetam ódio e insegurança. Se você sentir um arrepio automático, intuitivo, depois de olhar bem fundo nos olhos de uma pessoa, não confie nela.

O MÉTODO ESPIRITUAL

Depois de meditar profundamente, concentre-se no ponto entre as sobrancelhas e visualize os olhos de seu empregado ou sócio em potencial. Analise os sentimentos que brotam do seu coração. Se sentir medo, não contrate essa pessoa.

A primeira impressão

Mantenha a alma livre de preconceitos e olhe no fundo dos olhos do entrevistado logo na primeira vez que o encontrar. Se você continuar calmo e receptivo, a impressão inicial estará correta.

O método magnético

Depois de meditar profundamente, peça: "Pai, faze com que eu descubra o sócio certo por meio do meu magnetismo espiritual, intensificado por Tua Graça!"

Capítulo 7
Histórias de Sucesso

A sabedoria de um santo

Um dia, estando eu prestes a sair em peregrinação, um santo me disse: "Não peça nada de comer a ninguém e de ninguém aceite dinheiro, nem mesmo do seu pai". Ponderei: "Mas, se não tiver nada para comer, morrerei de fome!" Ele replicou: "Então morra! Morra para saber que vive graças ao poder de Deus, não ao pão".

Lembre-se: vivemos diretamente pelo poder de Deus. Quando você descobre isso, o mundo inteiro cai sob seu poder. Reivindique primeiro sua divindade. Una-se ao divino. Receba sua bênção da mão de Deus. Compreenda que todo poder, bem-aventurança, fortuna e saúde vêm do Alto.

A rã grande e a rã pequena

Uma rã enorme, gorda, e uma rã pequena caíram num balde de leite de bordas altas e escorregadias. Nadaram horas a fio tentando sair. Exausta, a rã grande gemeu: "Irmãzinha, vou desistir!" e deslizou para o fundo do balde.

A rã pequena pensou consigo mesma: "Se eu desistir morrerei, portanto é melhor continuar nadando". Duas horas se passaram e o bichinho concluiu que já não aguentava mais. Contudo, lembrando-se da amiga morta, recobrou a coragem e disse: "Parar é sucumbir. Continuarei me agitando até morrer, se a morte for inevitável, mas não deixarei de tentar porque onde há vida há esperança".

Cheia de determinação, a rãzinha continuou nadando. Horas depois, paralisada pela fadiga e sem conseguir mais se mover, sentiu de repente uma massa firme sob as patas. Seu constante bracejar transformara o leite em manteiga! Apoiando-se naquela massa, a rãzinha saltou alegremente do leite para a liberdade.

Lembre-se, estamos todos no balde escorregadio da vida, tentando nos livrar de nossos problemas como as duas rãs. A maioria das pessoas desiste e sucumbe como a rã grande. Devemos, porém, perseverar como a rã pequena. Em seguida, apelando para nossa força de vontade inflexível, insuflada por Deus, poderemos saltar do balde de leite das tribulações para o chão firme do sucesso perene. Se não desistirmos, desenvolveremos nossa força de vontade e venceremos em todos os empreendimentos.

A vitória é alcançada pelo método correto

Um jovem veio até mim em busca de ajuda, queixando-se de que fracassava inapelavelmente em todos os seus empreendimentos. Dei-lhe este conselho: "Pratique a meditação dizendo a si mesmo: 'A cada dia fico mais rico'". Ele tentou seguir minhas instruções, mas ao cabo de um mês voltou, lamentando: "Não funciona. Estou a cada dia ficando mais pobre".

Observei: "Não é verdade que, ao fazer a afirmação, no fundo de sua mente uma vozinha estava sempre sussurrando: 'Seu tolo, você sabe muito bem que vai ficar cada vez mais pobre'?" Ele respondeu: "Sim".

Insisti então, com veemência: "Você precisa ser totalmente honesto com relação ao que afirma. Deve carregar sua mente com a importância do que afirmar e repetir a afirmação o tempo todo. Isso estimulará bastante sua força de vontade. Convém igualmente que estabeleça um plano detalhado, pois quem o guia é a lei divina. Lembre-se, seu talento criativo, seu ambiente atual e seu bom karma do passado lhe trarão prosperidade. Se puser em prática a lei divina, todas as outras leis do mau karma e do ambiente adverso serão anuladas".

Pedi ao jovem que meditasse comigo; e quando percebi que ele começava a sentir a felicidade interior do contato com o Divino, declarei: "Agora vai funcionar". Mas ele, ainda inseguro, replicou: "Não acredito".

Desafiei: "Está bem, em duas semanas ganharei 5 mil dólares à sua custa".

"Cinco mil dólares à minha custa?!", espantou-se ele.

Confirmei: "Sim. Vamos meditar e consultar Deus sobre o modo de investirmos nosso dinheiro para ganhar os 5 mil". Sentamo-nos, concentrados, até estabelecer o contato divino. Então eu disse: "Pai, que devo fazer?" Em plena meditação, avistei duas casas. Compramo-las e logo depois alguém as quis, pagando por elas 5 mil dólares a mais do que eu havia investido.

Seja sempre guiado pelo poder divino, que não falha nunca. Sua percepção deve ser como a minha. Contemple, como eu, o poder eterno que flui através de você, de sua fala, de seu cérebro, do seu corpo, dos seus pensamentos. Cada pensamento é um canal por onde passa a luz divina. Abra o coração para que o Fluxo Divino o permeie.

A bênção de Deus

Em 1925, quando eu iniciava uma série de palestras em San Francisco, descobri que tinha apenas duzentos dólares no banco, sem nenhum outro fundo disponível à vista e uma grande instituição para financiar. Quando contei à minha secretária que só dispunha daquela quantia, ela quase desmaiou. Mas eu lhe disse: "O que há com você? Deus está conosco. Não vai nos abandonar agora. Dentro de uma semana Ele nos dará o dinheiro de que precisamos".

Alguns dias depois eu caminhava diante do Palace Hotel quando um homem se aproximou e me disse: "Gostaria de ajudá-lo". Protestei: "Mas o senhor nem me conhece!" O homem replicou: "Conheço-o sim, pelos olhos" — e, de imediato, preencheu-me um cheque de 27 mil dólares. Esse foi o dinheiro que usei para iniciar a publicação da revista *Inner Culture.*

Dois cegos em busca de fortuna

Akbar, o Grande, foi um dos maiores reis da Índia. Chamavam-no "Guardião da Humanidade" por causa da benevolência de seu governo e do firme empenho com que procurou recuperar territórios perdidos do outrora vasto império. Esse rei caridoso amparava pessoas e grupos sociais necessitados em toda parte.

Certa feita, quando o cortejo do rei passava por uma alameda, ele avistou dois homens cegos sentados a cerca de vinte metros um do outro, pedindo esmolas. O rei parou seu carro para investigar. O primeiro cego bradava: "Só fica rico aquele a quem o rei dá". E o segundo bradava: "Só quem é agraciado por Deus fica rico".

Sempre que passava por ali, o rei ouvia os dois pedindo a ele e a Deus. Por fim, lisonjeado pelas palavras do primeiro cego, o rei ordenou que se assasse um grande pão recheado de ouro sólido. Deu-o ao homem e ignorou completamente o outro cego, que só pela mão de Deus acreditava poder ficar rico.

O rei foi caçar por várias semanas e, quando passou de novo pela alameda, ouviu o cego a quem dera o pão gritar ainda: "Só fica rico aquele a quem o rei dá". Akbar perguntou-lhe: "Que fizeste com o pão que mandei trazer-te?" O cego respondeu: "Majestade, aquele pão era muito grande e muito pesado. Pensei que estava meio cru e vendi-o ao outro cego por dez centavos. Fiquei contente com o ganho".

Já não se via sinal do segundo cego na alameda. Depois de algumas investigações, Akbar descobriu que ele dera o pão à esposa, a qual, partindo-o, achara o ouro. Com ele, compraram uma casa.

Então Akbar, humilde por dentro, mas colérico por fora, censurou o primeiro cego: "Seu idiota, entregaste o pão recheado de ouro ao teu amigo, que dependia de Deus e não de mim para enriquecer! De agora em diante muda o refrão e grita, como ele: 'Só quem é agraciado por Deus fica rico'".

Essa história tem uma bela moral. Milhões de pessoas, hoje, pensam que a riqueza vem dos bancos, fábricas, empregos e habilidade nos negócios. A Grande Depressão* provou que os Estados Unidos são a mais próspera nação esfomeada do mundo. Quando o país mais rico da Terra, sem sofrer nenhuma catástrofe nacional, mergulha de repente na pobreza, descobre-se que existem leis divinas das quais dependem nossas vidas física, mental, espiritual e financeira.

Diariamente procure ser saudável, próspero, sábio e feliz, mas sem tirar dos outros a saúde, a prosperidade, a sabedoria e a felicidade. Antes, analise e planeje tudo o que fizer a fim de tornar seus semelhantes melhores e mais satisfeitos enquanto você mesmo persegue esse objetivo. Aprenda a incluir a alegria e o bem-estar alheio em sua própria felicidade.

---

* Este artigo foi escrito em 1934.

Ore com fé: "Pai, abençoa-me para que eu sempre me lembre de Ti e nunca me esqueça de que todas as coisas fluem de Tuas mãos!"

Ganhar dinheiro de maneira honesta e diligente a fim de servir à obra divina é a grande arte depois da arte de conhecer Deus.

Ganhar dinheiro abundante, desprendida, honesta e rapidamente, por Deus e pela obra de Deus, tornando os outros mais felizes, ajuda a aprimorar muitas qualidades excelentes de caráter que o ampararão na jornada material e espiritual.

Capítulo 8

"Buscai Primeiro o Reino de Deus"

Para muitas pessoas, convém primeiro alcançar a prosperidade e depois pensar em Deus. Para você, no entanto, Deus deve vir antes. Quem fez o grande contato com Ele terá a prosperidade do universo a seus pés. Nunca se esqueça de que Deus é o seu provedor.

Não importa quais sejam as suas falhas, estará sempre com Deus caso dirija para Ele, para o Silêncio, toda a sua consciência. E alcançará sempre a felicidade espiritual se desempenhar alegremente os deveres da vida, sem jamais permitir que coisa alguma o abale.

Você vive pelo poder direto de Deus. Suponha que Ele, de repente, altere o clima do seu país. Que lhe aconteceria? Onde haveria de encontrar o que comer? Deus é quem sustenta a vida, não se esqueça. Você a recebeu dele. Embora a existência dependa de alimento, quem o proporciona é Deus. Ele é a Causa de tudo, de modo que, se você perder contato com Deus, sofrerá.

Os yogues aprendem que Deus nunca pode ser encontrado fora deles mesmos. Quando mergulhamos fundo em nossa alma, no templo de Deus, podemos dizer: "Ninguém no mundo se preocupa tanto com minha saúde, prosperidade e felicidade quanto meu Pai. Ele está sempre comigo".

Não dependa mais dos homens para enriquecer, pois Deus é a fonte da riqueza, saúde, poder e imortalidade. O yogue diz: "Sê livre por dentro. Aceita Deus como teu provedor e ignora a consciência da pobreza".

A verdadeira prosperidade é alcançada quando compreendemos que Deus é o nosso provedor e que dependemos inteiramente dele. Quando adquirimos essa consciência, não nos preocupamos mais com o que acontece porque estamos no regaço imortal do Criador.

Jesus não tinha dinheiro e, no entanto, era o homem mais feliz do mundo. Tinha Deus e sabia que Deus atendia a todas as suas necessidades.

O medo paralisa nossa vocação para o sucesso. O sucesso e a perfeição da mente são qualidades próprias do homem porque o homem foi feito à imagem e semelhança de Deus. Para reivindicar seu direito de nascença, porém, ele deve primeiro livrar-se da ilusão de suas limitações.

Deus possui tudo. Nunca se esqueça, portanto, de que como filho de Deus você é dono de tudo o que pertence ao Pai. Você deve ficar plenamente satisfeito e contente, sabendo que tem acesso à riqueza paterna. Sua tendência inata é para a perfeição e a prosperidade — mas escolheu ser imperfeito e pobre. A consciência de possuir tudo deve tornar-se um hábito mental em cada pessoa.

O caminho mais curto para a eficiência total, ou para a obtenção de saúde, riqueza, paz e sabedoria, consiste em comunicar nossos desejos a Deus por intermédio do microfone mental até receber Sua resposta positiva. Convém lembrar, todavia, que Deus ajuda a quem cedo madruga, de modo que precisamos fazer todo o esforço possível para vencer.

Visualizações ou afirmações de sucesso fortalecem a mente subconsciente que, por sua vez, estimula a mente consciente. No entanto, a mente consciente ainda precisa *concretizar* o sucesso e fica condicionada à lei de causa e efeito. Ela não pode mudar nosso karma para nos trazer o sucesso. Mas quando a mente humana consegue fazer contato com Deus, a mente supraconsciente pode estar certa do êxito, devido ao poder sem limites de Deus.

Pense na Abundância Divina como uma chuva deliciosamente refrescante — qualquer receptáculo que você tiver à mão a recolherá. Se você empunhar um copo pequeno, só terá isso; se trouxer um barril, ele ficará cheio até as bordas. Que tipo de receptáculo você preparou para a Abundância Divina? Talvez ele esteja apresentando algum defeito. Conserte-o então, jogando fora o medo, o ódio, a dúvida e a inveja; em seguida, lave-o com as águas purificadoras da paz, da tranquilidade, da devoção e do amor.

A Divina Abundância segue a lei do serviço e da generosidade. Dê para receber. Entregue ao mundo o melhor que possui e o melhor voltará para você.

A prosperidade toca o homem de acordo com a lei de causa e efeito, nesta e nas vidas passadas. Isso explica por que alguns nascem pobres e doentios, outros ricos e saudáveis. Os homens, originalmente, eram filhos de Deus, feitos à Sua imagem e semelhança, dotados de livre-arbítrio e com capacidade igual de realização. Pelo mau uso da razão e da força de vontade dadas por Deus, eles ficaram sujeitos à lei da ação (karma) e assim limitaram suas vidas. O sucesso de uma pessoa depende não apenas da sua inteligência e dinamismo, mas também da natureza de suas ações passadas. Há, contudo, um meio de anular os resultados desfavoráveis dessas ações. Elas devem ser destruídas para que se determine um novo rumo.

Alguns psicólogos ensinam, erroneamente, que se alguém visualizar Henry Ford se tornará parecido com Henry Ford. Não importa quão intensamente todos os habitantes do planeta visualizem Henry Ford, nem todos serão como ele. Isso é impossível segundo a lei do karma, que governa a Terra e o destino dos homens.

Nem todas as pessoas podem se tornar milionárias; mas todas, pelo esforço dedicado, podem recuperar a divindade perdida e se tornar filhos de Deus.

O caminho mais seguro para a prosperidade consiste, não em implorar mediante uma prece errada, mas em consolidar primeiro a unidade com Deus e depois exigir a herança divina. Por isso Jesus disse que os homens se enganam buscando primeiro o pão, quando deveriam procurar antes de tudo o Reino de Deus — pois, em seguida, todas as coisas, todas as riquezas lhes serão acrescentadas sem que precisem pedir.

Isso é mais fácil de dizer que de fazer. Você deve manifestar essa verdade em sua vida. Jesus falava por experiência própria quando declarou: "Eu e meu Pai somos Um". Por isso podia ordenar que as tempestades amainassem, transformar água em vinho, curar doentes físicos e mentais. Ele era espiritualmente bem-sucedido e conhecia a arte do sucesso tanto físico quanto mental.

O homem dotado de grande poder de concentração deve pedir a Deus que focalize sua mente no lugar certo para o êxito certo. As pessoas passivas esperam que Deus faça todo o trabalho e as egoístas atribuem seus sucessos a si mesmas. As passivas não usam o poder da inteligência de Deus, que têm dentro de si; as egoístas, embora se valham da inteligência dada por Deus, esquecem-se de pedir a orientação divina para saberem usar essa inteligência da maneira correta.

Evite tanto a passividade quanto o egoísmo. De manhã e antes de deitar-se, tente fazer um contato positivo com Deus para ter sucesso.

Procure harmonizar a fome de dinheiro com a fome espiritual. Não permita que uma governe a outra. Não se ocupe tanto em alimentar a carne que não encontre tempo para a meditação ou o serviço espiritual. Por outro lado, não se julgue espiritualizado demais para ambicionar o sucesso financeiro. Quem fracassa na vida material não entra no Céu. O homem espiritualmente egoísta, ignorando as exigências da matéria, é punido com a perda do equilíbrio mental. Todo trabalho material deve ser feito em prol dos semelhantes.

Não se ocupe de uma coisa só. Organize a vida e priorize seus deveres. (Os deveres precisam ser considerados um privilégio e cumpridos com prazer, não como se fossem contas a pagar.) A consciência do dever espiritual e moral terá de ocupar lugar de destaque em sua mente, acima de todas as outras obrigações. O dever intelectual é superior ao material. O material, no entanto, é muito importante e precisa ser suplementado por obrigações sociais, patrióticas e internacionais.

A mensagem de sua alma não chegará a Deus pelo microfone mental se ele estiver quebrado pelas pancadas da inquietude. Repare-o, pois, praticando o silêncio profundo de manhã e antes de dormir, até que os pensamentos agitados desapareçam. Depois de consertar o microfone mental com a ferramenta da calma, afirme enfaticamente: "Meu Pai e eu somos Um" e logo ouvirá a resposta de

Deus em plena serenidade da meditação. Essa serenidade crescente, ou bem-aventurança, é a prova mais cabal do contato com Deus e de sua resposta.

Divulgue a mensagem "Meu Pai e eu somos Um" até ser inundado pela bênção todo-poderosa e reconfortante de Deus. Se isso acontecer, é porque o contato se deu. Então exiga seu direito celestial afirmando: "Pai, sou Teu filho. Orienta-me no caminho da prosperidade justa".

Não queira nem aja antes de entrar em contato com Deus, que encaminhará sua vontade e atividade para a meta certa.

Não se pode obter uma resposta simplesmente gritando ao microfone e a seguir indo embora. Não ore uma vez só e saia, mas continue enviando a mensagem a Deus pelo microfone mental até ouvir Sua voz. A maioria das pessoas não ora com a determinação necessária para merecer uma resposta.

A maneira mais segura de obter saúde, riqueza, paz e sabedoria é, primeiro, reivindicar a divindade perdida enviando continuamente a mensagem a Deus pelo microfone mental, até receber Sua resposta por intermédio da bênção crescente da meditação.

Escolha um desejo espiritual ou material e mergulhe-o na Vibração Cósmica, que você poderá ouvir e sentir graças à prática da técnica OM de meditação. O desejo é realizado quando estamos em contato consciente com a Vibração Cósmica. Procure ter um desejo supremo: contatar Deus sempre, em todas as coisas. Partilhe esse desejo várias vezes com a Vibração Cósmica. Quem tem Deus tem tudo.

Afirme diariamente: "Senhor, Tu és meu provedor. Manifesta Tua prosperidade por meu intermédio. Pai, Tu és minha riqueza; sou rico. Possuis todas as coisas. Sou Teu filho. Tenho tudo aquilo que tens". Faça essa afirmação de manhã, antes de ir para o trabalho. Não se esqueça de viver pelas leis de Deus, que lhe apontará o caminho.

As riquezas do mundo são perecíveis, mas as de Deus não acabam nunca. Ao longo de milhares de encarnações, você vem torturando sua alma; a única maneira de encontrar alívio é aproximar-se de Deus. Ter Deus dá muito mais alegria do que todo o dinheiro do mundo. Seja um filho do Pai do Universo, dizendo: "Os bens terrenos não passam de brinquedos. Sou rico, pois tenho o meu Deus". Assegure-se de Deus primeiro e todas as riquezas do mundo serão suas nesta vida e no além.

Lista das ilustrações